Mit der Schwalbe zur Datsche

ANTJE BAUMANN

Mit der Schwalbe zur Datsche

Wörter aus einem verschwundenen Land

Dudenverlag
Berlin

Liebe Leser[1]!

Mit der Schwalbe auf die Datsche – so waren natürlich nicht alle Ostdeutschen unterwegs. Eine Schwalbe macht noch keinen Sommer und so zeigen die wenigen Wörter in diesem kleinen Buch auch nicht, wie *die* Sprache in der DDR war oder wie *alle* dort gesprochen haben. Dazu war selbst die DDR zu groß und ist dieses Buch viel zu klein. Die in der DDR gebrauchte Sprache war dieselbe deutsche Sprache wie anderswo. Dennoch: Die Lebensverhältnisse in der DDR haben sich – je nach Lebensbereich – oft sehr von denen in der BRD unterschieden. Aus sprachwissenschaftlicher Sicht ist die deutsche Teilung daher so etwas wie ein ungewolltes, 40 Jahre währendes großes Experiment, das es ermöglicht, die verschiedenen Ausformungen derselben Sprache zu untersuchen: in zwei deutschen Staaten mit unterschiedlichen Staatsformen und Machtverhältnissen, die sehr verschiedene Arbeits- und Lebens- und damit auch Kommunikationsbedingungen mit sich brachten. Und so verwundert es auch nicht, dass diese 40 Jahre, in denen die Sprache in der DDR anders gebraucht wurde, ihre Spuren hinterlassen haben, selbst heute noch, 30 Jahre nach dem Ende dieser Teilung.

Zu den Nachwirkungen gehört der sogenannte Schibboleth-Effekt: Anhand bestimmter Merkmale des Sprechens erkennt man den anderen – zum Beispiel als ostdeutsch oder westdeutsch. (Manchmal liegt man auch daneben.) *Schibboleth* heißt *Getreideähre* und geht zurück auf eine Geschichte aus dem Alten Testament, in der das Wort als eine Art Losungswort benutzt wurde, um Fremde zu erkennen. Die »falsche« Aussprache von *Schibboleth* hat in der dort erzählten Geschichte das Leben gekostet. Heute signalisiert ein Unterschied im Sprechen nur noch Zugehörigkeit zu der einen oder anderen Gruppe. (Wer beide

---

[1] Damit meine ich alle, die diese Einleitung lesen, unabhängig von jeder Art von Geschlecht. Siehe auch Stichwort ↑*Quote*.

Codes beherrscht, ist also eindeutig im Vorteil, siehe Stichwort ↑*Plaste*.) Natürlich sind es meist nicht einzelne Wörter, an denen man einander erkennt, sondern der gesamte Sprachgebrauch – also wie und wann man spricht, wen man ansprechen darf und in welcher Reihenfolge, welche Anreden man benutzt, ja sogar, wie laut oder wie lang man spricht. All das wird von der Soziolinguistik auch untersucht, ist aber deutlich schwerer zu fassen – und so sind es eben oft einzelne Wörter, an denen man etwas festmacht, die in Erinnerung bleiben und die sich so gut weitergeben und in einem kleinen Buch auflisten lassen.

Manche Wörter gab es nur im Osten, weil es die Dinge und Verhältnisse dazu nur dort gab (↑*Subbotnik*, ↑*Reisekader*, +*Mit sozialistischem Gruß!* als verbreitete Schlussformel in offiziellen Schreiben), manche Wörter haben in Ost und West eine unterschiedliche Bedeutung gehabt (↑*Pionier*, ↑*großer Bruder*) und manches aus dem Westen (z. B. aus den Bereichen Marktwirtschaft, Recht, Medien) wirkte – auch über die Sprache – in den Osten hinein.

Weder die Dinge noch die Wörter allein waren also einzigartig. Es sind die Beziehungen zwischen den Menschen, die die Dinge und Wörter gebraucht haben. Dieses andere Beziehungsgeflecht »hinter den Wörtern« kennzeichnet die Welt der DDR. Darin wurden einzelne Wörter und die Sprache insgesamt anders gebraucht als anderswo. Wie sollte das auch anders sein in einer Gesellschaft, die sich selbst als ↑*Diktatur* verstand, die von +*Volkseigentum* geprägt war, in der eine Partei offen ihre +*führende Rolle* beanspruchte und die +*Staatssicherheit* fast alles im Griff hatte? Nicht die Wörter selbst können etwas über die damalige und die heutige(n) Gesellschaft(en) erzählen, sondern über die Wörter kann man zum Netz an Erfahrungen gelangen, das jedes einzelne Wort mit bestimmten Situationen und mit anderen Wörtern verbindet – und in klassischen Wörterbüchern nicht erscheint. Denn Wörter wie ↑*Frieden*, +*Freundschaft*, +*Solidarität* gibt es andernorts ja auch, Wörter wie ↑*Schwalbe* und ↑*Wettbewerb* haben vielleicht eine andere Hauptbedeutung, ↑*Ausreiseanträge* und ↑*Intershops* braucht zum Glück niemand mehr, ↑*Brigadetagebücher* werden nicht mehr geführt und wer lieber ↑*Kaufhalle* als *Supermarkt* sagen möchte, kann das ja gern tun.

Dies Büchlein ist also kein gewöhnliches Wörterbuch, sondern will dabei helfen, die manchmal nachwirkende DDR-Wirklichkeit hinter den Wörtern aufscheinen zu lassen. Das wiederum könnte das Verstehen zwischen Ost und West befördern: Warum empfinden sich +*gelernte DDR-Bürger* – und sogar deren Kinder, die die DDR kaum oder gar nicht mehr erlebt haben!, – immer noch als anders? Warum werden sie auch als anders wahrgenommen? Wollen sie vielleicht gar nicht immer »gleich« oder unauffällig sein? – Daher habe ich Wörter ausgesucht, hinter denen meiner Meinung nach einiges steckt: das manchmal sehr unterschiedliche Leben in Ost und West, die verschiedenen Blickrichtungen auf dasselbe Phänomen (↑*Westpaket*, ↑*Begrüßungsgeld*) oder eine erzählenswerte Entwicklung des Wortes oder der »Sache« seit 1990.

Die kleinen Texte enthalten also Nachwendeerfahrungen, versuchen Unterschiede sichtbar zu machen und wollen Nachfragen auslösen. (Sollten wir einander nicht – von einem Bundestagspräsidenten angeregt – unsere Geschichten erzählen?) Der Vergleich mit dem Leben der anderen kann helfen, das eigene zu verstehen. Dann würden Unterschiede nicht mehr als störend, sondern im besten Fall als bereichernd empfunden und vielleicht sogar nutzbar gemacht werden.

Nur wenige Wörter finden hier Platz, die Überlegungen dazu sind +*subjektiv*, vieles fehlt hier. Manches, weil es andernorts schon sehr oft Gegenstand von Kunst, Unterhaltung oder wissenschaftlicher Betrachtung war (*Staatssicherheit*, *Trabbi*, *Broiler*, *2-Raum-Wohnung*, sämtliche sogenannte Ostprodukte), manches, weil es in dieser Form kaum darstellbar ist – man denke an Klänge (*Kampf-* und andere Lieder), andere

Betonungen (↑*Konsum*), Dialekte (nicht nur Sächsisch!) oder Gerüche (Kohleheizung, Reinigungsmittel, ↑*Intershop*).

Die Eintragungen zu den über 70 Wörtern in diesem Büchlein sind alphabetisch geordnet, damit Sie »Ihre« Wörter besser suchen und wiederfinden können. Wenn Sie Ihnen bei der Erinnerung helfen, zu Widerspruch oder Ergänzung herausfordern, vielleicht sogar zu Nachfragen und Gesprächen führen – dann haben sie ihren Dienst getan. Denn die Wörter hier sollen der Anfang einer größeren Sammlung sein. Sie mögen Sie anregen, Ihre Geschichten zu weiteren Wörtern, bei denen Sie erlebt haben, dass sie in Ost und West unterschiedlich gebraucht und verstanden werden, beizutragen. Eine digitale Sammlung ist geplant, sie hat bereits begonnen auf der Seite [www.duden.de/schwalbe]. Dort finden sich dann auch die Wörter zu bereits gut untersuchten Lebensbereichen, die hier nicht erscheinen, obwohl sie die Lebensverhältnisse in der DDR entscheidend geprägt haben und unbedingt dazugehören (Parteien, Massenorganisationen, Staatssicherheit etc.).

Das Zeichen ↑ vor kursiv markierten Wörtern verweist auf andere Stichwörter in diesem Buch, Wörter mit + finden sich auf der oben genannten Website zusammen mit Hinweisen zu Literatur und anderen Quellen.

Sammeln Sie mit, wenn Sie mögen! Denn nicht nur die materielle Kultur der DDR – wie sie in hiesigen DDR-Museen oder im Wendemuseum Los Angeles gesammelt wird – gehört zur historischen Überlieferung, die Wissenschaft und Forschung als Quelle dient. Auch die Sprache gehört dazu. Vieles dazu ist bereits vorhanden, manches wissenschaftlich untersucht, aber oft bezieht es sich nur auf offizielle Texte. – Vielleicht können Außenstehende und Nachgeborene, Laien und Wissenschaftler dann besser das Leben in einem Land verstehen, das es 40 Jahre lang gab.

A. B.

Ost-, West- und Gesamtberlin im Sommer 2020

abkindern

Wer in der DDR jung heiratete, konnte ab 1972 einen +*Ehekredit* aufnehmen und ihn zurückzahlen oder eben *abkindern:* Von den 5000 bzw. später 7000 Mark wurden in der Laufzeit von acht Jahren beim ersten Kind 1000 Mark erlassen, beim zweiten 1500 und beim dritten war der Kredit getilgt. Der Ehekredit gehörte zu den +*sozialpolitischen Maßnahmen*, die vielen Bevölkerungsteilen etwas mehr Wohlstand verschafften und zugleich propagandistisch genutzt wurden, um die Überlegenheit des Sozialismus zu signalisieren.

Das umgangssprachliche Wort ist anschaulich, anders als bei *abstottern* (das das Mühselige des Rückzahlprozesses zeigt) wird hier ganz pragmatisch das Kind als »Mittel« der Rückzahlung im Wort sichtbar. Das Wort ist älter als die DDR, schon in der NS-Zeit gab es eine solche Art von Kredit, der zu früher Mutterschaft und mehreren Kindern ermuntern sollte und *abgekindert* werden konnte. Überlebt hat der *Ehekredit* in einigen östlichen Bundesländern. Ob er *abgekindert* werden kann und ob das auch so genannt wird, bliebe zu untersuchen.

antifaschistischer Schutzwall

Der Begriff stammt aus dem offiziellen Sprachgebrauch der DDR und ist ein Propagandabegriff für die hochgesicherte Grenzanlage mitten durch Berlin ab 1961. Die Berliner sagten von Anfang an »Mauer«, denn das war es ja, was da vor ihren ungläubigen Augen hochgezogen wurde. Für alle anderen ohne Propagandaabsichten war es die »Grenze«. Ab 1961 steckte hinter diesem Wort zwar viel mehr als zuvor, aber das Wort gab sich schlicht, fast schon betont neutral. Das war auch nötig, denn wer in der DDR öffentlich von »Mauer« sprach, also das Wort des +*Klassenfeinds* benutzte, machte sich verdächtig. Es war wegen seiner Direktheit unerwünscht, zu unverhüllt benannte es das seltsame Bauwerk, das nichts trug, sondern nur trennte: Menschen mitten in einer lebendigen Stadt. Der Begriff *antifaschistischer Schutzwall* hingegen war von Anfang an rätselhaft, legte er doch nahe, dass in Westberlin und Westdeutschland die (oder nur) Faschisten lauerten, um die DDR anzugreifen. Die Metaphorik *(Schutz, Wall)* zeigt ein weiteres Mal, dass sich die DDR im ↑*Kampf* und stets bedroht sah. Der offiziellen Begründung, die Grenzschließung sei nötig, um die »Ausplünderung« der DDR zu beenden, wären wohl noch viele gefolgt, denn billiges Einkaufen im Ostteil der Stadt und massenhafte Abwanderung qualifizierter Arbeitskräfte wurden ja durchaus auch als Realität wahrgenommen. Aber dass dies nötig sei, um den Frieden zu erhalten und die Faschisten fernzuhalten? Der Kalte Krieg war krass in seinem Schwarz-Weiß-Denken, aber das »antifaschistisch« an dieser Grenze war wohl zu viel der Propaganda. Tatsächlich fühlten sich die (meisten) Ostberliner nicht geschützt, sondern eingemauert – und waren es auch.

An dem Begriff *antifaschistischer Schutzwall* zeigen sich verschiedene Sichtweisen. Aus der beschriebenen Bedrohungsperspektive meinte die DDR-Regierung, ihre Bevölkerung vor dem anstürmenden Faschismus schützen zu müssen. Aus Sicht der Ost- (und West)deutschen, die auch antifaschistisch gesinnt waren, war die Bezeichnung *antifaschistischer Schutzwall* eine Art Kommunikationskiller, denn wie sollten sie nun argumentieren, wenn sie sich durch diese »Maßnahme« doch auch unangemessen eingeschränkt und begrenzt fühlten? Und wenn man von heute auf den Bau und seinen tönenden Namen blickt, so hat die Berliner Mauer die DDR zwar am Leben erhalten, als sie nicht mehr da war, verschwand auch die DDR. Aber der Bau mit dem Propaganda-Namen führte wie der zunehmend als verordnet erlebte Antifaschismus immer öfter zu leeren Bekenntnisritualen und Gleichgültigkeit und könnte eine DDR-spezifische Wurzel von Rechtsextremismus sein. Und am Ende der Berliner Mauer zeigt sich noch einmal die menschliche – und durch Medien verstärkte – Neigung zum Denken in (Sprach)bildern: Denn diese Mauer ist nicht einfach »gefallen« (vermutlich wirkt hier das englische *The Fall of the Wall* zurück), sondern wurde, wenn man schon ein Bild braucht, über Jahre eingedrückt. Und zwar von innen.

Vor der Ehrentribüne treten anlässlich des 25. Jahrestages der Errichtung der Berliner Mauer die Betriebskampfgruppen an ▶

1961
1986
25 Jahre
antifaschistischer
Schutzwall

Auferstanden aus Ruinen

... und der Zukunft zugewandt/ lass uns dir zum Guten dienen/ Deutschland, einig Vaterland. – So begann die erste Strophe der DDR-Hymne von Becher und Eisler. Weil die Einigkeit Deutschlands dann nicht mehr Staatsziel war, wurde die Hymne ab den 70ern nicht mehr gesungen, nur noch instrumental aufgeführt. 1990 erklang sie in Rundfunk und Fernsehen wieder mit Text, zum Sendeschluss – auch des Landes. Damals wurde auch vorgeschlagen, die ebenfalls lädierte westdeutsche Hymne (nur noch die dritte Strophe des Deutschlandlieds wurde gesungen) doch um den Becher-Text zu ergänzen. Denn er kann auch auf die Melodie des Deutschlandlieds gesungen werden (und umgekehrt). Ein anderer Vorschlag war, die Kinderhymne von Brecht und Eisler (1950) zur gesamtdeutschen Nationalhymne zu machen. Dann würden wir – statt die erste Strophe des Deutschlandlieds (»Deutschland, Deutschland über alles/ über alles in der Welt«) einfach nicht mehr zu singen – jetzt singen »Und nicht über/ und nicht unter/ andern Völkern wolln wir sein«. – Wie schön wär' das?

Nach dem Beitritt der DDR zur BRD wurde die dritte Strophe des Deutschlandlieds zur deutschen Nationalhymne erklärt. Weder gab es eine neue Hymne noch eine neue Verfassung für das wieder vereinigte Deutschland.

Ausreiseantrag

Fast vier Millionen Menschen verließen die DDR bis 1989, die meisten flüchteten während der ersten Jahre, Hunderttausende stellten in den letzten zwei Jahrzehnten einen *Ausreiseantrag*.

Das Wort hat fast nichts mit Reisen zu tun, aber viel mit Abschied, Trauer und Verzweiflung. Es war der öffentlich sichtbare, endgültige Ausstieg aus dem Land, oft nach vielen Auseinandersetzungen oder Enttäuschungen. Zwar hatte die DDR 1975 die Schlussakte von Helsinki unterzeichnet, wer aber von seinem Menschenrecht auf freie Wahl des Wohnortes wirklich Gebrauch machen wollte, war sich bewusst, dass sein Staat heftig reagieren würde. Denn wer einen *Ausreiseantrag* stellte, um die DDR – meist Richtung BRD – zu verlassen, beantragte damit die »Entlassung aus der Staatsbürgerschaft der DDR«. Das bedeutete auch, Familie und Freunde vielleicht nie mehr wiederzusehen. Antragsteller wurden kriminalisiert und stigmatisiert: Haft, Kündigung oder Nachteile in Beruf und Ausbildung, auch für die Familie, folgten während einer langen, gewollt zermürbenden Wartezeit. Über den *Ausreiseantrag* wurde willkürlich entschieden, bei Bewilligung musste die Ausreise oft sehr schnell erfolgen. Wollte man die Ausgereisten wiedersehen, traf man sich in der ČSSR oder in Ungarn, unter den Augen der +*Staatssicherheit*. Wie eine beleidigte Verlobte habe die DDR auf seinen *Ausreiseantrag* reagiert, meinte Manfred Krug, ein prominenter Schauspieler und Sänger, als er jenseits der Mauer sofort von

Westreportern interviewt wurde. Das würden viele andere wohl als stark untertrieben ansehen.

Das Wort ist mit der DDR Geschichte geworden. Zum Glück.

▼ *Mehr als nur ein Formular – Antrag auf Ausreise aus der DDR*

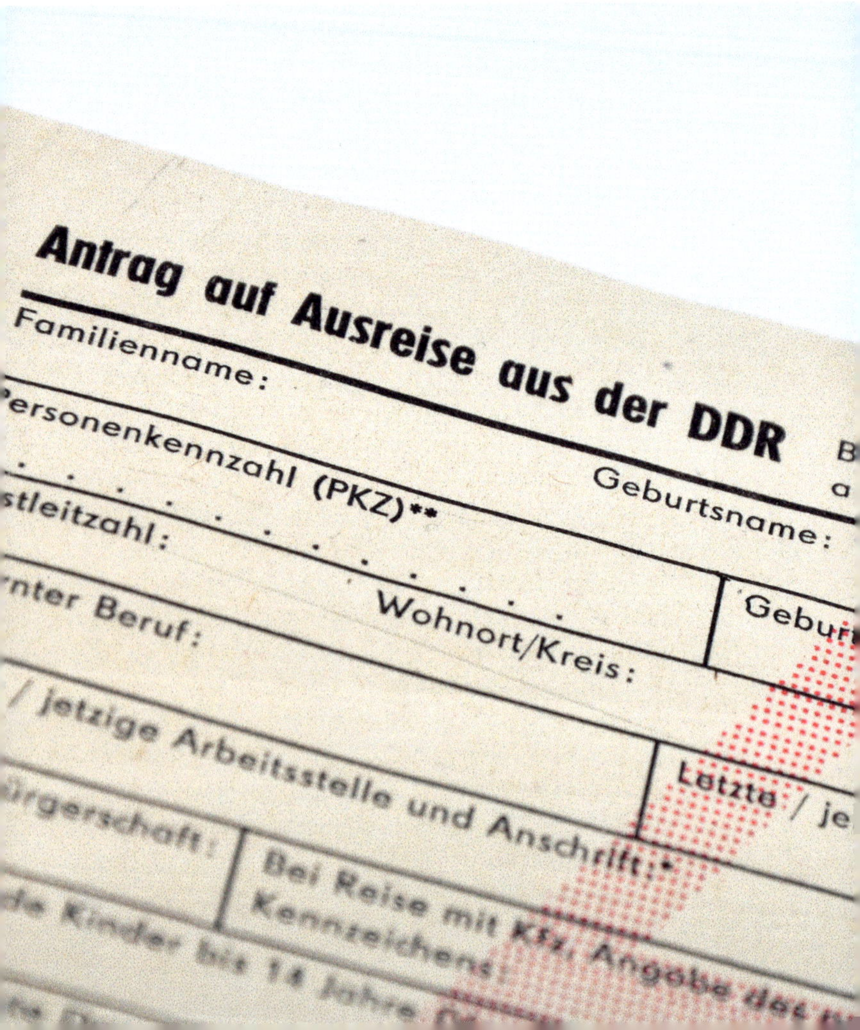

Babyjahr

Babyjahr war der umgangssprachliche Begriff für die bezahlte Freistellung von Müttern nach der Geburt eines Kindes. Nachdem die Geburtenrate in den 60ern gesunken war, sollte es helfen, Frauen in der Berufstätigkeit zu halten. Es wurde daher zuerst alleinerziehenden, ab 1976 auch verheirateten Müttern beim zweiten Kind und schließlich jeder Mutter gewährt. Bis zum ersten Geburtstag des Kindes konnte sie ihr Kind bei voller Lohnfortzahlung betreuen, ab Mitte der 80er konnten das auch der Vater oder die Großmutter. Die Rückkehr auf den Arbeitsplatz war gesetzlich garantiert, ein Platz in einer Krippe, später im Kindergarten und Schulhort recht sicher. Ab 1976 hatten Mütter zusätzlich ab dem zweiten Kind Anspruch auf eine reduzierte Wochenarbeitszeit. War ein Kind krank, gab es für Mutter oder Vater eine unbefristete Freistellung, die anteilig (bei mehreren Kindern im Haushalt) auch bezahlt wurde. Der Anteil erwerbstätiger Frauen stieg durch das *Babyjahr* und andere +*sozialpolitische Maßnahmen* wie gewünscht, 1989 hatte er mit 91,3 % einen der weltweit höchsten Werte erreicht, in Westdeutschland lag er da bei 51 %. Mit dem Beitritt der DDR zur Bundesrepublik verschwand das DDR-Babyjahr. Sein westdeutsches Pendant, das 1986 eingeführte Erziehungsgeld, basierte auf dem Familienmodell der Versorgerehe, hatte also gerade nicht das Ziel, Müttern die Berufstätigkeit zu erleichtern. Das gesamtdeutsche Elterngeld folgte 2007.

In der BRD bezeichnete *Babyjahr* von 1986 bis 1991 die Anrechnung des ersten Jahrs der Kindererziehung in der Rentenversicherung.

▲ *Prora auf Rügen – in den 30er-Jahren sollte hier ein KdF-Seebad entstehen. In der DDR wurde das Gebäude zur Bausoldaten-Großkaserne*

Bausoldaten

Wehrdienstverweigerern drohten in der DDR Gefängnisstrafen. Trotzdem verweigerten zwischen 1964 und 1989 ca. 15 000 junge Männer aus religiösen oder ethischen Gründen den Dienst an der Waffe und wurden *Bausoldaten*. Sie waren am Spaten auf ihrer Schulterklappe zu erkennen und wurden, von den anderen Soldaten getrennt, zum Bau militärischer Anlagen, später auch verstärkt in Großbetrieben zum Ausgleich des immer herrschenden Arbeitskräftemangels eingesetzt. Der größte Standort der *Bausoldaten* war Prora auf Rügen wegen des Hafenbaus in Mukran. Die +*SED* betrachtete *Bausoldaten* als »feindlich-negative Kräfte« und schränkte deren Berufs-, Ausbildungs- und Studienchancen ein.

Das Wort ist mit der DDR verschwunden.

Begrüßungsgeld

Das *Begrüßungsgeld* waren 100 DM, die ab 1987 einmal pro Jahr an DDR-Bürger bei deren Besuch in der BRD ausgezahlt wurden (zuvor waren es zweimal jährlich 30 DM). Gedacht war es eigentlich für DDR-Rentner, die seit 1970 in den Westen reisen durften, meist, um Verwandte zu besuchen. Berühmt wurde es aber erst nach dem 9. November 1989, als – unerwartet und schlagartig – erstmals Millionen DDR-Bürger den für sie unbekannten Westen besuchten.

In der Verknüpfung der schönen Handlung des Begrüßens mit dem schnöden Mammon steckt wohl auch ein wenig die Blickrichtung des Westens auf den Osten: Die DDR-Bürger kamen im Westen an, wurden also von ihm dort »begrüßt« und mit Geld beschenkt. Das erscheint nicht nur als sehr freundliche und großzügige Handlung – es wurde auch millionenfach dankend angenommen. Hinter dem freundlichen Geldgeschenk scheinen jedoch auch die Folgen der doppelten Staatsgründung auf. Nachdem sich 1949 zuerst die BRD und kurz danach die DDR gegründet hatten, beanspruchte die BRD, alleinige Rechtsnachfolgerin des Deutschen Reichs zu sein. Kehrseite des Alleinvertretungsanspruchs war u. a. die Nichtanerkennung der DDR, die sich auch sprachlich zeigte. Statt von der DDR sprach man von *Pankow* (dem Ostberliner Stadtteil, in dem anfangs die Regierung saß), von *SBZ* (Sowjetische Besatzungszone), *Sowjetzone* oder *Zone* – und wertete sie damit zugleich auch ab. Alle Blätter des Springer-Verlags setzten die DDR bis 1989 konsequent in Anführungszeichen, die ja ein sprachliches Mittel der Distanzierung sind. Die sprachliche Seite der Nichtanerkennung traf

▲ *Schlange stehen für das Begrüßungsgeld der Bundesrepublik Deutschland – das taten nach dem 9. November 1989 Tausende DDR-Bürger*

Begrüßungsgeld

in der *sogenannten DDR* natürlich auf Widerstand (der »Oktoberklub« etwa sang trotzig von »Springers Gänsefüßchen-Land«, das aber immer noch da sei) – und wurde Teil des Kalten Krieges. Am *Begrüßungsgeld* zeigt sich, wie auch im +*Zwangsumtausch* für DDR-Besucher aus der BRD, vor allem die außersprachliche Seite der deutschen Teilung. Denn die DDR-Rentner, für die das Geld bis 1989 im Wesentlichen gedacht war, hätten sich mit ihrem DDR-Geld im Westen nichts kaufen können. Ihr chronisch unter Devisenmangel leidender Staat erlaubte ihnen nur, ganze 15 DM (für 15 DDR-Mark) einzutauschen, sodass sie ohne die Unterstützung ihrer Verwandtschaft im Westen dort praktisch mittellos waren. Das *Begrüßungsgeld* war auch dazu da, diese Demütigung der +*Brüder und Schwestern* aus dem anderen Teil Deutschlands ein wenig zu lindern.

Zum Netz aus Wörtern und Wirklichkeit hinter dem Wort *Begrüßungsgeld* gehören neben der erwähnten sprachlichen Distanzierung weitere Ausdrücke der Abwertung wie +*Interzonenzug* (in dem die Besatzungs*zonen* überlebten) oder +*Zoni* (als meist abwertende Bezeichnung für DDR-Bürger).

Das alles wird den meisten im Rausch der ersten Besuche in Westberlin oder Westdeutschland egal gewesen sein. Wahrscheinlich wissen fast alle Ostdeutschen noch genau, was sie sich vom *Begrüßungsgeld* – sofort oder bald danach und natürlich im Westen – gekauft haben. Andere hatten kein gutes Gefühl dabei oder haben sich dieses Geschenk nie abgeholt, vielleicht, weil es historisch so schief und eben ganz anders als ein Geschenk von Mensch zu Mensch war. Und viele, die dabei waren, werden sich an lange Schlangen vor Banken und Sparkassen erinnern, die nur noch am 1. Juli 1990 überboten wurden, dem Tag, an dem die DM in die DDR kam.

Bewegungen

Man wurde in *Bewegung* gehalten in der DDR, nicht nur im sportlichen Sinne durch die *Lauf-dich-gesund-Bewegung,* auf Turn- und Sportfesten, Spartakiaden, sondern vor allem durch ↑*Wettbewerbe* und ↑*Kämpfe*, Paraden und Demonstrationen oder durch die Vorbereitung auf Eintritte und Gelöbnisse, mit denen man verschiedene +*Bekenntnisse* ablegte. Ständig wurde fast die gesamte Bevölkerung aktiviert, schließlich galt es, eine neue Gesellschaft aufzubauen, z. B. in der +*NAW-Bewegung* (Nationales Aufbauwerk), in der ↑*Neuererbewegung*, der +*Solidaritätsbewegung*, der +*Singebewegung* oder der +*Mach-mit-Bewegung »Schöner unsre Städte und Gemeinden!«*.

Auch sprachlich zeigte sich das Bewegte der Zeit, schließlich waren wir fast alle *WerkTÄTIGE*, oder *Kultur- und GeistesSCHAFFENDE*, viele wurden mit einem Auftrag zu anderen geschickt, also zu Pfingsttreffen, Parteitagen, zum Fernstudium etc. +*delegiert*, manche gar als +*Aktivisten* ausgezeichnet. Nur den Reisebewegungen waren enge Grenzen gesetzt, wer weiter als ins +*Bruderland* wollte, musste ↑*Reisekader* sein.

Mitglieder der FDJ marschieren anlässlich des letzten Deutschlandtreffens der Jugend für Frieden und Völkerfreundschaft im Mai 1964 auf dem Marx-Engels-Platz (heute Schloßplatz) ▶

FDJ

Brigadetagebuch

Das *Brigadetagebuch* wurde von Arbeitskollektiven geführt, die meist solch klangvolle Namen trugen wie »60. Jahrestag der Großen Sozialistischen Oktoberrevolution«, »Vorwärts« oder »8. März«. Darin wurde festgehalten, wie die jeweilige +*Brigade* im sozialistischen ↑*Wettbewerb* darum kämpfte, selbst gesetzte Ziele zur Erfüllung der jeweils aktuellen Beschlüsse von Partei und Regierung zu erreichen und dadurch einen Ehrennamen – etwa »Brigade der Deutsch-Sowjetischen Freundschaft« – zu erlangen. Die Einträge im *Brigadetagebuch* drehten sich also um betriebliche Belange, politische Schulungen, aber auch um Kegelabende, Theaterbesuche, Erntefeste, die +*Patenklasse* oder um einzelne Brigademitglieder (Aufnahme in die Partei, Krankenbesuche, Umgang mit Alkoholproblemen etc.). Oft wurden sie mit Zeitungsausschnitten, Eintrittskarten oder eigenen Zeichnungen illustriert.

Das Brigadetagebuch war eine staatlich inszenierte (Groß)textsorte, die nicht nur der Dokumentation dienen, sondern die Kollektive zum sozialistischen Arbeiten, Lernen und Leben anhalten, sie also auch erziehen sollte.

Dadurch wurde die Textsorte *Brigadetagebuch* über die Jahrzehnte aber auch so bekannt, dass sie leicht parodiert werden konnte. Wenn eine Brigade im Geflügelschlachthof »Venceremos« (wir werden siegen) hieß, war dies wohl unbeabsichtigt und erst aus der Distanz von Raum und Zeit komisch (der Blick von heute ist nicht der

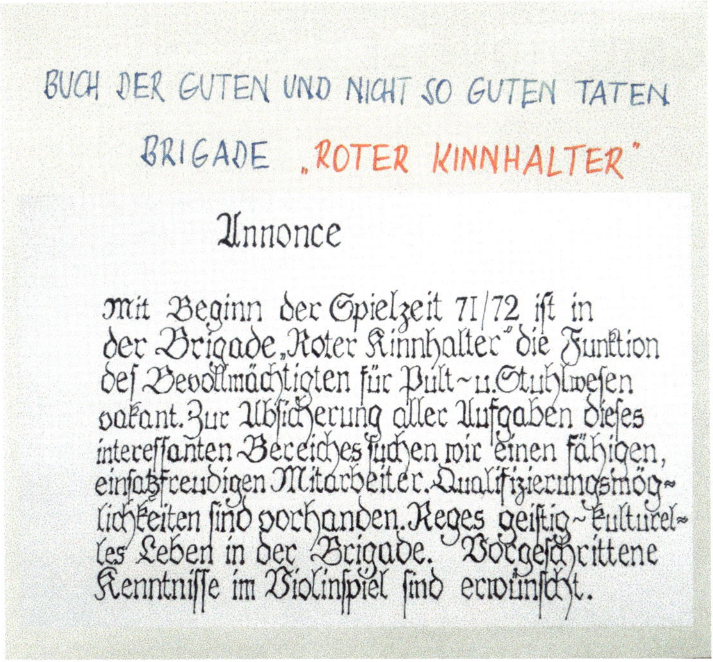
BUCH DER GUTEN UND NICHT SO GUTEN TATEN

BRIGADE „ROTER KINNHALTER"

Annonce

Mit Beginn der Spielzeit 71/72 ist in der Brigade „Roter Kinnhalter" die Funktion des Bevollmächtigten für Pult- u. Stuhlwesen vakant. Zur Absicherung aller Aufgaben dieses interessanten Bereiches suchen wir einen fähigen, einsatzfreudigen Mitarbeiter. Qualifizierungsmöglichkeiten sind vorhanden. Reges geistig-kulturelles Leben in der Brigade. Vorgeschrittene Kenntnisse im Violinspiel sind erwünscht.

▲ *Tagebucheintrag der Brigade »Roter Kinnhalter«*

einzig mögliche Blick). Aber auch schon damals hat man sich über die zunehmend entleerten Rituale und Phrasen lustig gemacht. Das Tagebuch der Brigade »Roter Kinnhalter« ist ein Beispiel dafür. Den befreundeten Musikern eines Theaterorchesters hat es in den 70ern offenbar viel Spaß gemacht, ihre privaten Treffen der Stimmgruppe der 1. Geigen als +*Brigade* mit selbst gewähltem Namen und natürlich mit dazugehörigem Brigadetagebuch zu dokumentieren – zur Festigung der Freundschaft!

Camptourist

Der Wohnzeltanhänger hieß früher Klappfix und war klein und praktisch wie so manches in der DDR. Wer glücklicher Besitzer eines *Camptourist* war, konnte trotz des sehr eingeschränkten Angebots an Übernachtungsmöglichkeiten an vielen Orten Campingurlaub machen. Heißgeliebt und bis heute im Einsatz.

Eine kreative und praktische Mischung aus Wohnwagen und Zelt, der Klappfix ▼

Datsche

Datsche ist eines von etlichen Wörtern, die aus dem ↑*Russischen* (hier: aus *datscha* ›kleiner Landsitz, Sommerhaus‹) in den DDR-Sprachgebrauch gelangten. Die meisten Ostdeutschen fuhren in ihr Wochenendhaus oder auf ihr Grundstück – wenn sie eins hatten. Wer auf die Datsche fuhr, klang mitunter auch ein bisschen angeberisch und wollte sich vielleicht abheben von denjenigen, die einfach nur eine Laube hatten. Zum Ausbau einer Datsche brauchte man auf jeden Fall Materialien und Handwerker, was beides in der DDR schwierig zu bekommen war. So halfen auch hier oft die eigene Arbeitsleistung, gute Freunde oder ↑*Vitamin B*.

Der private Bereich – ob mit oder ohne *Datsche* – war in der DDR eine besondere Nische. Familie und Freunde boten nicht nur Vertrautheit und Geborgenheit wie in jeder menschlichen Gesellschaft, sondern auch Schutz vor dem sonstigen Zugriff des Staates bis tief in den persönlichen Bereich hinein. Der Freizeitbereich hatte außerdem den Vorteil, dass die Gemeinschaft, der man sich anschloss (um zu angeln oder seine Fototechnik auszubauen etc.), meist eine selbst gewählte war – im Gegensatz zu den verschiedenen ↑*Kollektiven*, denen man angehörte.

DEFA-Filme

Die +*Deutsche Film-AG (DEFA)* war das volkseigene Filmunternehmen der DDR mit Sitz in Potsdam-Babelsberg. In den 40 Jahren DDR drehte die +*DEFA* etwa 700 Spiel-, 750 Trick- und über 2000 Kurz- und Dokumentarfilme. *DEFA-Filme* waren beliebt oder unbeliebt, enthielten Staatspropaganda oder trauten sich so viel, dass sie sogar verboten wurden, werden bis heute gesendet, jetzt natürlich mit anderen Augen gesehen und sind im Ausland ein beliebter Forschungsgegenstand. Der erste deutsche Nachkriegsspielfilm war *Die Mörder sind unter uns* von 1946 (mit Hildegard Knef, Regie: Wolfgang Staudte), er spielte im zerbombten Berlin und war ein *DEFA-Film*. *Jakob der Lügner* (1974, nach Jurek Beckers Roman) ist der einzige *DEFA-Film*, der für einen Oscar nominiert wurde. *Die Kinder von Golzow* (Regie: Barbara und Winfried Junge) begleitete die Schüler einer Schulklasse von 1961 bis 2007, erzählt dabei viel mehr als DDR-Wirklichkeit und wurde die längste Dokumentation der Filmgeschichte.

Vielen genügten die *DEFA-Filme* nicht, sie fanden sich darin nicht wieder und begannen, anderswo zu suchen. Andere taten das von Anfang an. Im +*Westfernsehen* fand – wer nicht im Tal der Ahnungslosen wohnte – Information und Unterhaltung aller Art, auch die Sehnsucht nach heiler Welt konnte dort besser gestillt werden, z. B. in Heimatfilmen. Im DDR-Fernsehen entflohen viele dem +*sozialistischen Realismus* in die »gute alte Zeit«, indem sie beispielsweise montags einen

▲ *Plakatwand vor dem DEFA-Studio für Spielfilme in Potsdam-Babelsberg*

der alten UFA-Filme sahen, die *Willy Schwabe* 35 Jahre lang (!) aus seiner *Rumpelkammer* holte.

Die DEFA ist verkauft. Doch so, wie ihr Filmerbe in einer Stiftung bewahrt wird, so gehört sicher der eine oder andere *DEFA*-Spiel-, Märchen-, Kinder-, Indianer- oder Science-Fiction-Film zum kulturellen Gedächtnis vieler Ostdeutscher. – Fragen Sie doch mal nach oder sehen Sie sich einen der *DEFA-Filme* gemeinsam an!

deutsch

Nachdem die deutsche Zweistaatlichkeit zementiert schien, wurden im offiziellen DDR-Sprachgebrauch auch die Wörter *deutsch* und *Deutschland* gemieden. Die Hymne (↑*Auferstanden aus Ruinen*) wurde deshalb nicht mehr gesungen, übrig blieben im Sprachalltag die *Deutsche Post*, die *Deutsche Reichsbahn*, das *Neue Deutschland* (Zentralblatt der +*SED*) und die gespaltene Identität *(Nationalität: deutsch, Staatsbürgerschaft: DDR)*. Heimatliebe war Erziehungsziel, aber nicht so einfach. Schon in ↑*Pionier*- und Kinderliedern (»Unsre Heimat«, »Die Heimat hat sich schön gemacht«) erschien die Heimat als schön, aber bedroht und schutzbedürftig. Hinter der Grenze gen Westen (↑*antifaschistischer Schutzwall*) war es offenbar so gefährlich, dass fast nur Rentner dahin gelassen wurden. Zugleich fühlten sich Ostdeutsche im Urlaub oft als Deutsche zweiter Klasse, da sie auch in den +*Bruderstaaten* mit ihrem Geld in bestimmte Läden und Hotels nicht hineinkamen. Diese widerstrebenden Erfahrungen zusammen mit einer oft eingeübten Distanz zum Staat machten es quasi unmöglich, einen »einfachen« Nationalstolz zu entwickeln.

1990 wurde Deutschland Fußballweltmeister, mit west- und ostdeutschen Spielern und einem gesamtdeutschen Freudentaumel. Viele Ostdeutsche zogen nach der Wende nach Westdeutschland. Dort befürchtete die deutsch-türkische Gemeinde, nun zu Deutschen dritter Klasse zu werden. Die Wörter *deutsch* und *Deutschland* gingen vielen Ostdeutschen nicht so leicht, aber immer öfter über die Lippen.

▲ *Günter Gaus wird 1974 als erster Leiter der Ständigen Vertretung der Bundesrepublik Deutschland in der DDR akkreditiert. Bei diesem Staatsakt werden die Flaggen der DDR und der BRD nebeneinander im Hof des Staatsratsgebäudes gehisst*

DER
SOZIALISMUS SIEGT
SED

Diktatur

Der Arbeiter-und-Bauern-Staat DDR verstand sich als eine *Diktatur* des Proletariats. Nach der marxistisch-leninistischen Lehre war diese *Diktatur* in einer Übergangsphase nötig, um den Sozialismus aufzubauen und ihn gegen imperialistische Kräfte von außen und bürgerliche Kräfte von innen zu verteidigen. Die Arbeiterklasse sollte nach einer sozialistischen Revolution (die es ja nicht gegeben hatte) diesen Aufbau mithilfe ihrer +*Partei* und eines Staatsapparats organisieren, mit Verbündeten durchführen und so ihre historische Mission erfüllen. In dieser *Diktatur* war also die Arbeiterklasse die ↑*herrschende Klasse* und hatte zusammen mit ihrer Partei die +*führende Rolle* inne.

Die Erfahrung der DDR-Diktatur unterscheidet Ost- und Westdeutsche und lässt sie sicher auch anders auf das Wort sehen. Ostdeutsche wissen womöglich einiges über Verführbarkeit, Anpassung und Zwang in einer *Diktatur*. Da sie selbst in einer gelebt haben, urteilen einige vielleicht auch vorsichtiger über vermeintliche Diktaturen oder aber sind empfindsamer gegenüber jedweder Art von *Diktatur*. Für die Forschung dürfte die Erfahrung einer Erziehungs- und Fürsorgediktatur relevant sein, die auch deswegen akzeptabel bis attraktiv erscheinen kann, weil in ihr viele, wenn nicht die meisten, bequem (gut?) leben können.

◀ *»Der Sozialismus siegt!« Auf der Kundgebung im Anschluss an den 5. Parteitag der SED am 16.7.1958 heben die Teilnehmer die Faust zum Arbeitergruß*

Eingabe

Eingaben waren ein allgemein gebrauchtes Beschwerdemittel, das in der DDR wohl jeder kannte, in Westdeutschland aber recht unbekannt gewesen sein dürfte. Die Verfassung von 1961 gestand jedem das Recht zu, sich mit *Eingaben*, d.h. mit Hinweisen, Beschwerden, Kritik und Vorschlägen, an die staatlichen Organe zu wenden. Das war auch nötig, denn im Knappheitsstaat gab es viele Probleme bei der Versorgung mit +*Konsumgütern*, auch mangelnde +*Dienstleistungen* und offensichtliche Ungerechtigkeiten sorgten für Ärger. Aber vor allem gab es seit 1952 keine Verwaltungsgerichtsbarkeit mehr. Eine als ungerecht empfundene Verwaltungsentscheidung konnte man also nicht gerichtlich überprüfen lassen. So erblühte das »*Eingabe*wesen«: *Eingaben* aller Art wurden an die staatlichen +*Organe* und an Betriebe, Zeitungen, Rundfunk, Fernsehen geschickt – zur langen Wartezeit auf einen Telefonanschluss oder eine Wohnung, zur geschönten Berichterstattung in den Medien, zu verschiedensten Alltagsproblemen Einzelner. Die Behörden mussten *Eingaben* innerhalb von vier Wochen beantworten, konnten sie (schroff oder bedauernd) ablehnen, ihnen zustimmen, etwas klären oder die Kommunikation nach einem nichtssagenden Schreiben komplett abbrechen. Die Kommunikation war also asymmetrisch und hatte – trotz auch vorhandener selbstbewusster Schreiberpositionen und drohender Elemente – strukturell Ähnlichkeit mit einem Gesuch oder einer Bittschrift: *Eingaben* wurden nach Gutdünken beschieden, die Freiheit der Verfasser von *Eingaben* beschränkte sich auf die Form.

Das Wort *Eingabe* in der DDR-spezifischen Bedeutung ist mit der DDR verschwunden, lebt in seiner sonstigen Bedeutung (*Daten-*, *Passwort-Eingabe* etc.) aber fort. Als Textsorte hat die *Eingabe* eine erstaunliche Vielfalt hervorgebracht, in der

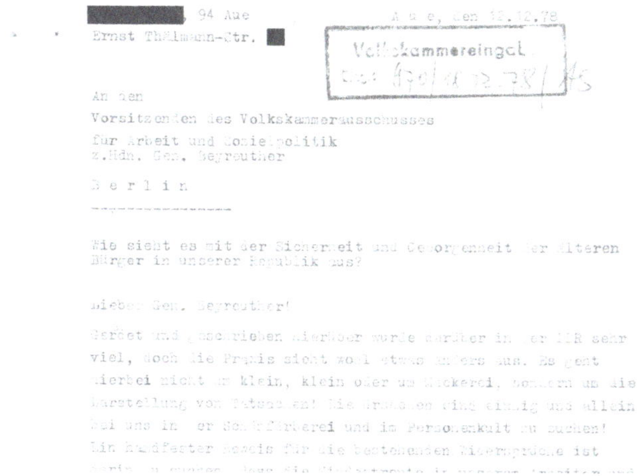

[redacted], 94 Aue
Ernst Thälmann-Str. [redacted]

Aue, den 12.12.78

Volkskammereingang

An den
Vorsitzenden des Volkskammerausschusses
für Arbeit und Sozialpolitik
z.Hdn. Gen. Beyreuther

Berlin

Wie sieht es mit der Sicherheit und Geborgenheit der älteren Bürger in unserer Republik aus?

Lieber Gen. Beyreuther!

Geredet und geschrieben hierüber wurde darüber in der DDR sehr viel, doch die Praxis sieht wohl etwas anders aus. Es geht hierbei nicht um klein, klein oder um Meckerei, sondern um die Darstellung von Tatsachen! Die Ursachen sind einzig und allein bei uns in der Schönfärberei und im Personenkult zu suchen! Ein handfester Beweis für die bestehenden Widersprüche ist

▲ *Der gleichbleibenden Mindestrente widmet sich diese kritische Eingabe an den Vorsitzenden des Volkskammerausschusses für Arbeit und Sozialpolitik aus dem Jahr 1978*

sich die Schwächen der DDR zu verschiedenen Zeiten und in den verschiedenen Bereichen spiegeln. – Wie unfreiwillig komisch sie manchmal waren, zeigt ein Blick in heute verfügbare Sammlungen von *Eingaben*. Vielleicht erinnern Sie sich noch an die Szene in »Good Bye, Lenin«, in der die Mutter ihrer +*Hausgemeinschaft* beim Schreiben von Eingaben hilft (leider würden die Menschen in der DDR nicht so viereckig wie die Kleidung sein usw.). Die Fähigkeit zum Verfassen von *Eingaben* ließ sich nach der Wende auch wunderbar zum Schreiben von Reklamationen an den OTTO-Versand einsetzen.

Hier können Sie originale Eingaben nachlesen: https://www.linguistik.hu-berlin.de/de/forschung/archiv/abgeschlossene-projekte/ddr-korpus/texte/sorten

FKK

Nicht jeder DDR-Bürger ging nackt baden, wie es das Klischee verlangt. Aber tatsächlich breitete sich das Nacktbaden in der DDR trotz anfänglichen Widerstands der DDR-Regierung stark aus, während man andernorts – etwa in der Sowjetunion – dafür verhaftet werden konnte. Es gab viele *FKK*-Strände, die Abkürzung *FKK* war jedermann bekannt. Und wieder einmal ist die Idee viel älter als die DDR: Die *Freikörperkultur* entstammt der deutschen Lebensreformbewegung des 19. Jahrhunderts, zu der z. B. auch Vegetarismus, Tierschutz, Naturheil- und Anti-Alkoholbewegung gehörten.

Badeurlaub am FKK-Strand – vielleicht nicht typisch für die DDR, aber keine Seltenheit ▼

Ob die Neigung zum Nacktbaden auch heute in Ost- und Westdeutschland noch unterschiedlich ist? – Auf jeden Fall gibt es heute weniger *FKK*-Strände an der Ostsee, dafür dürfte die Abkürzung *FKK* jetzt auch in Westdeutschland bekannter sein.
Filmmaterial finden Sie im digitalen Filmarchiv:
https://www.open-memory-box.de/

Frauenruheraum

Da am Ende der DDR ca. 90 % der Frauen erwerbstätig waren und dieser Raum zum kurzen Ausruhen bei gesundheitlichen Problemen ab einer bestimmten Anzahl von beschäftigten Frauen in einem Betrieb gesetzlich vorgeschrieben war, gab es ihn fast überall im Osten (im Westen nur manchmal).

Frauen waren von Anbeginn der DDR gesetzlich gleichberechtigt (Artikel 7 der Verfassung von 1949). Neben dem emanzipatorischen Ansatz war aber auch ihre Arbeitskraft wichtig, sodass die Familienpolitik immer mit der Förderung von Frauen verbunden wurde. Durch ihre erwünschte Berufstätigkeit wurde auch ihre wirtschaftliche Selbständigkeit gefördert. Zwar waren sie auch im Osten von einer tatsächlichen

Gleichberechtigung noch weit entfernt (auch dort waren sie in Führungspositionen unterrepräsentiert und leisteten zugleich mehr unbezahlte Arbeit als Männer in Haushalt, Pflege etc.), aber ihre Unabhängigkeit vom Ehemann war gewollt und Realität. Die kostenlose Pille ab 1972 (+*Wunschkindpille* genannt), ein weitreichendes Abtreibungs- und ein einfaches Scheidungsrecht, die frühe Gleichstellung unehelicher Kinder, das ausgebaute System der Kinderbetreuung und vieles mehr halfen dabei und führten auch zu einem neuen Selbstverständnis und -bewusstsein von Frauen.

Die Zeit nach 1990 erlebten viele DDR-Frauen daher als eine Rolle rückwärts – die bundesdeutsche Familienpolitik basierte auf dem Hausfrauenmodell. Berufstätigkeit mit Familie zu vereinbaren war auf einmal wieder schwer: Die Nachwende-Arbeitslosigkeit traf Frauen besonders, die jüngeren zogen verstärkt gen Westen und die Geburtenstatistik der 90er zeigt einen historischen Rückgang. Emanzipation Ost traf manchmal auf Feminismus West, aber wegen der großen Unterschiede ihrer Sozialisation verstanden auch Ost- und Westfrauen einander oft nicht sofort. Und der Frauenruheraum ist nun meist ein Ruhe- oder Liegeraum für alle.

◀ *Die Mitarbeiterin eines Umspannwerks bei der Arbeit. Bereits in der DDR der 1960er-Jahre war die Berufstätigkeit von Frauen üblich und gewünscht*

Frieden

Die DDR verstand sich als friedliebender Staat. Schon im Kindergarten sangen die Kinder von der »Kleinen weißen Friedenstaube«, die allen in der Welt Frieden bringen möge. Aber sie sangen auch von der bedrohten Heimat, die beschützt werden müsse (»Soldaten sind vorbeimarschiert« usw.). So lernten sie früh (u. a. an Wilhelm Buschs Fuchs und Igel im »Bewaffneten Frieden«) das Konzept des bewaffneten Friedens kennen. Das Zwiespältige an diesem Friedensverständnis zeigte sich beispielsweise in einer kontinuierlich betriebenen vor- und paramilitärischen Ausbildung (↑*Manöver »Schneeflocke«*, +*Wehrkundeunterricht*, ↑*ZV-Lager*) und in der offiziellen Haltung zur atomaren Aufrüstung in Ost und West: Nach dieser Sichtweise waren die Ostermärsche im Westen »richtig« und zu unterstützen (weil sie sich auch gegen die NATO-Raketen richteten), die nicht staatliche Friedensbewegung in der DDR (↑*Schwerter zu Pflugscharen*) hingegen wurde als von «imperialistischen Kreisen des Westens" gelenkt dargestellt und verfolgt (weil sie sich auch gegen Raketen des ↑*Warschauer Vertrags* richtete).

Das Wort ist da wie eh und je, weil Menschen sich nach *Frieden* sehnen – und ihn doch immer wieder hergeben.

1979 verlieh Romesh Chandra, Präsident des Weltfriedensrates, Ostberlin den Titel »Stadt des Friedens«. Seit 1986 zieren die von Gerhard Thieme entworfene Friedenstaube und der Schriftzug eine Hauswand im Nikolaiviertel – auch wenn Berlin diesen Titel seit der Wiedervereinigung nicht mehr trägt ▶

NIKOLAI VIERTEL
1237
BERLIN
STADT DES FRIEDENS
Spreeufer

Genosse

So wurden eigentlich Mitglieder der SED bezeichnet (die der anderen Parteien nicht). Aber in der Armee wurde *Genosse*, kombiniert mit dem Dienstgrad, als Anrede für alle gebraucht.

Duzte ein Student seine Professorin, war das in der DDR keine 68er-Folge, sondern meist das *Genossen-Du*, hob sich ab vom üblichen *Sie* in dieser Situation und wurde

Das Partei-Emblem der SED an der Fassade des Zentralkomitees ▼

von siezenden Nicht-Genossen genau registriert. *Towarischtsch* (russ. ›Genosse, Kamerad‹) war ein spaßhafter Ersatz für *Genosse*. »Die Genossen werden sich schon was dabei gedacht haben!« – konnte man hören, wenn wieder mal eine Maßnahme, ein Beschluss oder eine Aufgabe sinnlos erschien, aber erfüllt werden musste.

Das Wort *Genosse* konnte markieren, wer zur +*Partei* gehörte und wer ihr und ihrer +*führenden Rolle* distanziert gegenüberstand. Das *Genossen-Du* erklärt vielleicht die manchmal etwas geringere Neigung Ostdeutscher, jedermann sofort zu duzen bzw. geduzt zu werden.

großer Bruder

Aus Sicht der DDR war natürlich die Sowjetunion der *große Bruder*. Als solcher versprach sie Schutz, sie konnte die DDR aber auch nach ihrem Bilde prägen. Die DDR-Bevölkerung war sich im Klaren darüber, dass die Sowjetunion als Sieger des Kriegs im kleinen Verlierer-Teilstaat eine Staatsführung nach ihrem Vorbild eingesetzt hatte. So wurde *großer Bruder* meist auch eher ironisch gebraucht. Zu diesem brüderlichen Bild passt das ebenso oft genutzte Bild der Freundschaft nicht. Diese erschien fast nur mit dem schmückenden Beiwort *unverbrüchlich*. *Unverbrüchliche Freundschaft* zu einem *großen Bruder*? Das Bild war schief von Anfang an. Das

Bündnis mit der Sowjetunion war sogar in der Verfassung von 1968 festgeschrieben (die Gegenstand des einzigen Volksentscheids der DDR war): »Die Deutsche Demokratische Republik ist für immer und unwiderruflich mit der Union der Sozialistischen Sowjetrepubliken verbündet. Das enge und brüderliche Bündnis mit ihr garantiert dem Volk der Deutschen Demokratischen Republik das weitere Voranschreiten auf dem Wege des Sozialismus und des Friedens.« (Artikel 6 Absatz 2 Satz 1 und 2, in der Fassung von 1974) – Dem entsprach, dass zum Ende der DDR die *Gesellschaft für Deutsch-Sowjetische Freundschaft (DSF)* ca. sechs Millionen Mitglieder hatte. Zugleich waren bis zu 500 000 sowjetische Soldaten auf DDR-Gebiet stationiert (dreimal so viele wie ausländische Streitkräfte in Westdeutschland). Doch die vielen sowjetischen Kasernen waren exterritoriale Gebiete, Kontakte zu den *Freunden* gingen selten über die gelenkten und kontrollierten Bereiche hinaus, etwa bei Gast- oder Ehrenbesuchen von Pateneinheiten, Betrieben oder Sportmannschaften. Auch in den Akten der Staatssicherheit erscheinen *die Freunde* (manchmal einfach kurz *F*) als diejenigen, deren Meinung einzuholen, deren Vorgabe maßgeblich war. In der Zeit von Glasnost und Perestroika wurde der *große Bruder* aus DDR-Sicht dann auf ganz neue Weise wichtig. Gegenüber der reformunwilligen DDR-Regierung, als plötzlich sogar der »Sputnik«, eine Zeitschrift, und sowjetische Filme verboten wurden, bekam die verbreitete ↑*Losung* »Von der Sowjetunion lernen heißt siegen lernen!« eine neue Bedeutung.

Ostdeutsche durften über Gewalterfahrungen im Zusammenhang mit Kriegsniederlage, Flucht und Sowjetunion nicht einmal sprechen. Die verordnete *Freundschaft* zwischen den so ungleichen Partnern konnte so – trotz

▲ *Emblem der Gesellschaft für Deutsch-Sowjetische Freundschaft (DSF)*

vieler guter persönlicher Kontakte – im Ganzen nicht gelingen. Heute weckt die Bezeichnung *großer Bruder* wohl eher die Assoziation zu George Orwells Roman »1984«, der 1949 erschien und in dem ein alles beobachtender Großer Bruder (»Big Brother«) das Kennzeichen einer totalitären Gesellschaft, eines Überwachungsstaats ist. Oder man denkt nur noch an das gleichnamige TV-Format, das staffelweise und erfolgreich zeigt, wie sich eine Gruppe von Menschen in einem Container rund um die Uhr von der Computerstimme »Big Brother« lenken und dabei filmen lässt.

Haushaltstag

Voll berufstätige Frauen erhielten einmal pro Monat einen bezahlten *Haushaltstag* für die Hausarbeit, wenn sie Familie hatten oder über 40 Jahre alt waren. Der *Hausarbeitstag* (offizielle Bezeichnung) war eine der staatlichen Leistungen, damit Frauen Familie und Berufstätigkeit vereinbaren konnten. Zugleich war es ein Eingeständnis der faktisch noch nicht erreichten Gleichberechtigung, denn die typische DDR-Frau wurde dringend als Arbeitskraft gebraucht, doch zugleich leistete sie den größten Teil der unbezahlten Hausarbeit (Doppelbelastung). Ab den 70ern konnten auch doppelt belastete Männer einen *Haushaltstag* nehmen.

Das Wort ist nicht verschwunden, hat sich aber ins Private zurückgezogen. Übrigens wurde der *Haushaltstag*, der auch in einzelnen Bundesländern der alten BRD existierte, Ende der 70er abgeschafft, weil er Männer benachteiligte. In jüngerer Zeit gab es vereinzelte Forderungen, einen *Haushaltstag* (für alle) wieder einzuführen.

herrschende Klasse

Im Sozialismus ist die Arbeiterklasse die herrschende Klasse. Von ihr, ihrer Herrschaft, ihrer +*Partei* und dem dazugehörigen Pathos war vieles im Alltag des +*Arbeiter-und-Bauern-Staats* geprägt. Der Soziologe Wolfgang Engler nennt die DDR eine »arbeiterliche

Gesellschaft«, weil Erwerbsarbeit im Osten eine ganz andere Bedeutung hatte als in einer Arbeitnehmergesellschaft wie der BRD. Arbeit diente nicht der Anhäufung von großem Vermögen oder Besitz (das war fast unmöglich), sondern war der Mittelpunkt fast aller Alltagsbeziehungen und so entwickelten +*Werktätige* und ihre Familien eine besondere Beziehung zu ihren Betrieben. Denn diese unterhielten auch soziale, medizinische und Freizeiteinrichtungen: Kinderkrippen und -gärten, Ferienheime, Kinderferienlager, Bibliotheken, Mal-, Foto- und Schreibzirkel, Chöre, Theatergruppen, ↑*Polikliniken*, Verkaufsstellen etc.

In der DDR hat man die *herrschende Klasse* kennengelernt – im Guten wie im Schlechten. Die angestrebte Wertschätzung von Arbeit wird auch rückblickend oft als richtig empfunden. Die Dominanz der Arbeiterklasse zeigt sich auch in klangvollen Facharbeiterbezeichnungen und den Löhnen (ein Facharbeiter erhielt oft mehr als ein Ingenieur). Durch den ↑*polytechnischen Unterricht* lernte man Theorie und Praxis der sozialistischen Produktion kennen – oft lagen sie weit auseinander.

Horch und Guck

Spöttische Bezeichnung für die *Staatssicherheit*, mit der ja gerade nicht zu spaßen war. Der Platz hier ist viel zu klein, um etwas über den monströsen Geheimdienst auszusagen. Für diesen ist eigentlich jede Abkürzung und jede Verkleinerungsform, so ökonomisch sie sein mag *(MfS, Stasi …)*, zu verhüllend und verniedlichend.

▲ *Die geretteten Stasi-Unterlagen werden seit 1990 vom BStU verwaltet und archiviert. Personen, über die in der DDR eine Akte angelegt wurde, können diese dort einsehen*

In einer nach der Wende geschaffenen Behörde (BStU) kann jeder die Akten einsehen, die die +*Staatssicherheit* über ihn angelegt hat. Millionen haben diese Möglichkeit seitdem genutzt.

Die Bezeichnung *Horch und Guck* ließ den Geheimdienst wie einen gewöhnlichen Betrieb erscheinen (so auch *VEB Horch und Guck, die Firma* etc.). Mit sprachlichen Mitteln wurde also Distanz signalisiert, die im außersprachlichen Leben nicht immer zu halten war.

Hühnergott

Stein mit einem natürlich entstandenen Loch in der Mitte, dessen Name wohl auf einen slawischen Volksglauben zum Schutz des Hausgeflügels vor bösen Geistern zurückgeht. Da *Hühnergott* im alten Grimm-Wörterbuch fehlt und 1975 im DDR-Duden auftaucht, gilt der Begriff auch als Erkennungszeichen für Ostdeutsche. Ob das wirklich funktioniert, können Sie ja mal ausprobieren. Auf jeden Fall wurde er im Jahr 2000 in den gesamtdeutschen Duden aufgenommen und weckt bei Ostdeutschen Erinnerungen an viele Ostseeurlaube, von denen er oft als Souvenir und als Glücksbringer mitgebracht wurde.

Intelligenz

Auch in der DDR bezeichnete *Intelligenz* ›geistige Fähigkeit‹ oder ›Klugheit‹, viel wichtiger aber war das Wort zur Bezeichnung für die soziale Schicht der *Intelligenz*. Nur die Arbeiter und Bauern bildeten Klassen, die die sozialistische Gesellschaft trugen. Akademisch ausgebildete +*Geistesschaffende*, die nicht direkt in der Produktion tätig waren (die meisten Ärzte, Künstler, Lehrer etc.), galten als nützliches, aber politisch unsicheres bürgerliches Überbleibsel. Deshalb sollte eine neue sozialistische Intelligenz aus der Arbeiterklasse heraus geschaffen werden. Kinder von Arbeitern und Bauern wurden daher gefördert, konnten etwa an +*Arbeiter-und-Bauern-Fakultäten (ABF)* an Hochschulen in drei Jahren die Hochschulreife erlangen und erhielten leichter Studienplätze. Angehörige der *Intelligenz* hingegen wurden bei der Vergabe von Wohnraum, +*Ferienplätzen*, Oberschul- und Studienplätzen für ihre Kinder (besonders in den ersten beiden Jahrzehnten der DDR) meist schlechter gestellt, sie sollten nicht mehr verdienen als qualifizierte Arbeiter und mussten mehr Steuern bezahlen. In den Klassenbüchern wurde mit A, B oder I die soziale Herkunft der Schüler vermerkt. – Die Haltung der ↑*herrschenden Klasse* gegenüber der leider immer noch notwendigen Schicht war zwiespältig (systemnahe parteiergebene Angehörige der *Intelligenz* hatten keine Nachteile hinzunehmen) und von Misstrauen geprägt (was sich u. a. im abwertenden Ausdruck *Intelligenzler* zeigte).

▲ *Das Wappen der DDR zeigt von 1950 bis 1953 Hammer und Ährenkranz als Zeichen des Arbeiter-und-Bauern-Staates. Dass es auch in einem solchen ohne Intelligenz nicht ging, spiegelt ab 1953 das um einen Zirkel erweiterte Wappen wider*

Dass es ohne *Intelligenz* auch in einem Arbeiter- und Bauern-Staat nicht ging, spiegelt die Entwicklung des Staatswappens der DDR:

Das Wort *Intelligenz* dient nicht mehr hauptsächlich zur Bezeichnung einer Schicht. Die mit der systematischen Zuordnung und Benennung der Angehörigen dieser Schicht einhergehende Diskriminierung ist ebenso vergangen.

Intershop

In den 60ern eingerichtete Läden an großen Bahnhöfen, Grenzübergängen und in +*Interhotels*, in denen Touristen einige Westwaren wie Genussmittel und Kosmetika gegen Devisen kaufen konnten. Durch diesen Service beschaffte sich die DDR dringend benötigte Devisen. DDR-Bürger konnten erst in den 70ern, natürlich auch in »harter Währung«, im *Intershop* einkaufen, inzwischen gab es Hunderte davon. Damit schöpfte ihr Staat das oft von der Verwandtschaft geschenkte Westgeld ab und verhinderte zugleich, dass es als Währung im Land benutzt wurde. Das geschah dennoch, wenn z. B. in Anzeigen zum Tausch gegen das Gesuchte +*blaue Fliesen* (als Code für den Hundertmarkschein West) angeboten wurden. Auch die +*Forumschecks*, in die das Westgeld seit 1979 vor dem Einkauf im *Intershop* bei der Staatsbank der DDR eingetauscht werden musste, waren begehrt. Brauchte man einen Handwerker, fragte dieser oft als Erstes: »Forum gehts?«. Da es später auch Kleidung, Unterhaltungselektronik etc. zu kaufen gab, wurden damit etliche Versorgungslücken gedeckt. Zugleich blieb der Blick immer auch gen Westen gerichtet. Und der Duft des *Intershops* in der Nase.

Jugendobjekt

Es gab Zehntausende dieser Projekte in Industrie, Landwirtschaft, Bauwesen, Bildung und Wissenschaft, die Jugendkollektiven von +*FDJ*, Betriebsleitung und Regierung übertragen wurden. Große Vorhaben wie der Bau von Kraftwerken oder Talsperren wurden propagandistisch begleitet, z. B. mit der Aktion »Max braucht Wasser!« für die Maxhütte in Unterwellenborn. Während in den 50ern und 60ern viele Jugendliche mit ehrlichem Enthusiasmus mithalfen, wurde das Schwinden desselben in den 70ern und 80ern durch materielle Anreize ausgeglichen (bessere Bezahlung, kürzeres Warten auf eine Wohnung etc.).

Beim Aufbau nach dem Krieg kamen junge Menschen (auch im Westen) sehr früh in die Verantwortung. Die Jugendpolitik der DDR betraf jedoch auch den familiären Bereich und sollte die Jugendlichen früh und fest an den Staat binden. 80 % der Ehen wurden im Alter von 18 bis 25 Jahren geschlossen, für diese +*Jungehen* gab es einen +*Ehekredit*. Wurden Kinder geboren, bekam man ein ↑*Babyjahr* und schneller eine Wohnung. Die Jugendorganisation +*FDJ* organisierte auch große Veranstaltungen und +*Freundschaftstreffen*. So kamen zum +*Deutschlandtreffen 1964* über 300 000 Jugendliche aus Ost und West, ein Sonderstudio sendete dazu

Jugendlok

◀ *Mitglieder der FDJ machen sich im Mai 1950 mit der Jugendlok »Rosa Luxemburg« auf den Weg zum ersten Deutschlandtreffen der Jugend*

99 Stunden nonstop, woraus der Jugendsender DT64 hervorging. Und sie betrieb sogar einen eigenen Reisedienst für junge Leute, +*Jugendtourist*. Schließlich war sie die »Kampfreserve der Partei«.

Das Wort wird heute nur noch mit Bezug auf die DDR oder als Anspielung gebraucht.

Jugendweihe

Feierliche Veranstaltung in der 8. Klasse, oft in den schönsten örtlichen Sälen (Theater, Planetarium, Friedrichstadtpalast), mit der Jugendliche in den »Kreis der Erwachsenen« aufgenommen wurden. Der Gegenentwurf zu kirchlichen Weihen wurde von den Schulen organisiert. Vorher mussten die Jugendlichen +*Jugendstunden* absolvieren, auf der *Jugendweihe* dann ihre Verbundenheit mit der DDR-Gesellschaft und der »großen und edlen Sache des Sozialismus« geloben. Die überreichten Bücher trugen Titel wie »Weltall Erde Mensch« oder »Der Sozialismus, deine Welt«. Wer nicht an der *Jugendweihe* teilnahm, musste mit erheblichen Nachteilen (beim Zugang zu Ausbildungsplatz, Abitur etc.) rechnen. So wurde in christlichen Familien die Konfirmation oder Firmung manchmal einfach im nächsten Jahr nachgeholt. – Auch hier ist die Idee wesentlich älter als die DDR und geht auf die freireligiöse, die Freidenker- und die Arbeiterbewegung im 19. Jahrhundert zurück. Aber auch die Einführung der »Nationalsozialistischen Jugendweihe« war noch nicht lange her, als die *Jugendweihe* nach 1955 auf Beschluss Moskaus zu einem staatlichen Ritual aufgebaut wurde. Zuvor hatte sie keine große Rolle in der DDR gespielt, am Ende nahmen ca. 90 % der Jugendlichen teil.

Das Wort und die Feier existieren noch. *Jugendweihe* und *Jugendfeier* werden heute jedoch von Vereinen organisiert. Nach 1990 sanken die Teilnehmerzahlen, sie steigen aber laut Veranstaltern seit etwa zehn Jahren wieder. In Ostdeutschland nimmt z. T. mehr als die Hälfte der Jugendlichen an *Jugendweihe* und *Jugendfeier* teil, während diese in Westdeutschland unbekannt oder unwesentlich sind. 30 Jahre nach der DDR lässt sich der Unterschied kaum noch mit Ostalgie (allein) erklären – eher schon mit einer viel weiter fortgeschrittenen Säkularisierung der ostdeutschen Gesellschaft.

Ein Schritt ins Erwachsenenleben: Jugendliche während ihrer Jugendweihe mit den typischen Buchgeschenken (1974) ▶

Weltall Erde Mensch
AND AM STROM DER FREUNDSCHA

Kampf

Es wurde viel gekämpft in der DDR. Fast jeder befand sich in einem ↑*Kollektiv*, einer ↑*Bewegung*, irgendeinem ↑*Wettbewerb* – und damit auch im *Kampf*. Überall wurde für, um oder gegen etwas gekämpft: für bessere Lernergebnisse, um die Einhaltung der Arbeitsschutzregeln, gegen die Kriegstreiber der Welt etc. Man konnte den *Kämpfen* auch schwer entgehen, denn propagandistisch wurden alle Register der +*Sichtagitation* gezogen: ↑*Losungen* auf Plakaten und Transparenten an öffentlichen Plätzen, aber auch an +*Wandzeitungen* und in ↑*Brigadetagebüchern* in Betrieben und Schulen gaben die Richtung im jeweiligen Kampfabschnitt oder ↑*Wettbewerb* vor. Alljährlich feierten Zeitungen und Fernsehen die letzten +*Errungenschaften*, grüßten die +*Erntekapitäne*, die wieder eine +*Ernteschlacht* gewonnen hatten, und immer wurde beteuert und angefeuert: »Der Sozialismus siegt!« und übersetzt, wo die Schlacht stattfinden würde: »Mein Arbeitsplatz – mein Kampfplatz für den Frieden«. Die *Kampf*-Metaphorik passte gut zum Schwarz-Weiß des Kalten Kriegs. Hinterm ↑*antifaschistischen Schutzwall* wurde selbst das Feiern mit *Kämpfen* verbunden, der 1. Mai war *Kampf- und Feiertag der Arbeiterklasse*, die FDJ war die *Kampfreserve der Partei*, es gab *Klassenkampf*,

Kampfgruppen, *Kampfgenossen* und *Kampflieder* in vielen Sprachen.

Das alte Wort wird natürlich weiter gebraucht, ruht sich allerdings von den vielen Kämpfen der 50er bis 70er aus. Auch die Wortverlaufskurve des Digitalen Wörterbuchs der Deutschen Sprache (*www.dwds.de*) zeigt, dass unsere *Kampfbereitschaft* offensichtlich stark gesunken ist. Mit dem *Klassenkampf* ist auch die Anrede ↑*Genosse* fast verschwunden, sie wird den meisten Ostdeutschen nicht fehlen. Wenn sie die Kaum-noch-*Genossen* der SPD und der Linken dann aber doch altbekannte *Kampflieder* singen hören (»Wann wir schreiten Seit' an Seit'«), dürfte das gemischte Gefühle auslösen.

Kaufhalle

Ein Wort, das sich nicht so leicht unterkriegen lässt. In größeren Städten, in denen es auch früher schon *Kaufhallen* gab, lebt der Begriff noch fort. Zwar gehen die Ostdeutschen nun nicht mehr in +*HO* und ↑*Konsum* einkaufen und etliche sagen, dass sie dies oder jenes bei *Rewe, Penny, Aldi* etc. gekauft hätten. Aber wenn nur das Einkaufen selbst wichtig ist, scheint das vertraute Wort für den großen

Brot
Kasse
1

Selbstbedienungslebensmittelladen vor der Marke zu rangieren und sie sagen: »Ich geh noch schnell in die *Kaufhalle*.«

Die *Kaufhalle* ist die DDR-Entsprechung des Supermarkts. Allerdings nur in räumlicher Hinsicht, denn das Warenangebot unterschied sich doch sehr und wurde fast werbefrei und zu stabilen Preisen dargeboten. Der Ladentyp nach US-amerikanischem Vorbild kam Ende der 50er in die BRD, etwa zehn Jahre später gelangte die *Kaufhalle* – natürlich als typisierter Bau der sozialistischen Stadt nach sowjetischem Vorbild – in die DDR.

Bis ungefähr zum Jahr 2000 gab es *Kaufhallen* auch im Westen: Dort war das allerdings eine Art Warenhaus im Niedrigpreissegment, betrieben von der Kaufhof AG.

◀ *In der Zentralmarkthalle am Alexanderplatz befand sich die moderne HO-Kaufhalle (1973)*

Kindertag

Wenn Sie meinen, der *Kindertag* sei irgendwann im September, haben Sie nicht in der DDR gelebt. Dort wurde der *Kindertag*, anders als in Westdeutschland, immer groß gefeiert und darum wusste jedes Kind: Am 1. Juni gibts keinen Schulunterricht, dafür Lieder, kleine Geschenke und Kinderfeste.

Der *Kindertag* kann also bis heute als »Erkennungszeichen« (Schibboleth) zwischen Ost- und Westdeutschen eingesetzt werden. Hier steht er aber für die andere Feiertagskultur in der DDR. Einige kirchliche Feiertage wurden für die Einführung der Fünftagewoche hergegeben. Weltlicher und propagandistisch begleiteter Feiertag war neben dem 1. Mai zeitweise auch der 8. Mai (Tag der Befreiung), außerdem gab es Ehrentage wie den *Kindertag*, den Frauentag (8. März) sowie viele Ehrentage für bestimmte Berufsgruppen (Lehrertag, Tag des Eisenbahners etc.).

Seit 1990 werden in Deutschland nun zwei Kindertage gefeiert – und die Ostdeutschen haben wieder mehr kirchliche Feiertage. Die fortgeschrittene ostdeutsche Abkehr von der Religion wurde in dieser Hinsicht zurückgedreht.

Nur einer von vielen Höhepunkten am Internationalen Kindertag: In einem Berliner Kindergarten stehen die schnellsten Läufer nach dem Wettbewerb freudestrahlend auf dem Siegertreppchen ▶

30m-Lauf
30m-Lauf
2

Kollektiv [und Individuum]

Vom Schülerkollektiv bis zum Arbeitskollektiv war man in der DDR nicht allein auf seinem Lebensweg, sondern in das jeweilige *Kollektiv* eingebunden, wie das schöne deutsche Wort so sagt. Daneben, dazwischen und danach gab es viele weitere Menschengruppen, die ihre Tätigkeit zu einem bestimmten Zweck gemeinsam ausübten. »Sozialistisch arbeiten, lernen und leben« – das war die Hauptbedeutung des ursprünglich lateinischen Worts *Kollektiv*, als es über das Russische ins Deutsche kam. (Damit stand es in gewissem Gegensatz zum *Team*, das aus dem Englischen auch in die DDR gekommen war, dem aber die sozialistische Lebensweise fehlte.) Und so gab es noch etliche andere *Kollektive:* natürlich Arbeiter-, Gewerkschafts- und Parteikollektive, aber auch Neuerer-, Künstler-, Autoren- und sogar Kleingärtner- oder Jagdkollektive.

Die »arbeiterliche Gesellschaft« (↑*herrschende Klasse*) war mit der Arbeit im Zentrum auch um sie herum organisiert, sodass die verschiedenen *Kollektive* auch viel gemeinsam in der Freizeit unternahmen, was Vertrautheit und Geborgenheit schuf, aber auch politische Einflussnahme ermöglichte. So war in der DDR die Herausbildung einer individuellen Haltung, eines ganz eigenen Wegs nur im Wechselspiel mit den jeweiligen *Kollektiven* – und ihren sozialistischen Leitern – möglich. Da die DDR den +*Weg vom Ich zum Wir* ausgerufen hatte, war *Individuum* ein eher negativ gefärbtes Wort, sehr nah am Schimpfwort *individualistisch*. (Das hatte schon in der Sowjetunion der 1930er zu Formalismus- und anderen

Debatten, anschließender »Selbstkritik«, zu Verfolgung existenzieller Art geführt und brachte auch jetzt wieder Künstler in Bedrängnis, wenn ihr ganz eigener Blick auf die Welt nicht der jeweiligen Parteilinie entsprach.) Die Gemeinschaft zählte, der Einzelne nicht oder nur, wenn er mit herausragenden Leistungen oder Erfindungen das gesamte *Kollektiv* zu neuen Leistungen anregte oder in ein gutes Licht rückte. Das *Kollektiv* erzog +*sozialistische Persönlichkeiten* – es half Schwächeren, z. B. in +*Lernpatenschaften*, bot also Schutz, konnte aber auch gefährlich werden. Wer von der offiziellen Linie abwich, bekam die Macht des *Kollektivs* oder des dahinterstehenden Apparats zu spüren. Während in den Aufbaujahren der DDR viele aus Überzeugung in die Parteien und Massenorganisationen eintraten (»Nie wieder Krieg!«, »Für ein neues, friedliches Deutschland« etc.), mutierte die frühere Bestenauszeichnung immer mehr zu einer Art Bekenntnisprobe. Gelegenheiten, die »Verbundenheit mit der Partei- und Staatsführung« zu zeigen, gab es viele, etwa die Mitgliedschaft in Pionier- und Jugendorganisation, ↑*Jugendweihe*, Parteimitgliedschaft oder wenigstens in den diversen Massenorganisationen (+*FDGB*, +*DSF*, +*GST*, +*DRK*, +*DTSB* etc.), die Teilnahme an Demonstrationen und ↑*Subbotniks* oder die Verpflichtung zu einem Wehrdienst über die 18-monatige Pflichtzeit hinaus. Umgekehrt verlangte das »Anecken« Mut. Wer all diese Weihen und Bekenntnisgelegenheiten ausschlug, wusste, dass seine Ausbildungs- und Berufschancen oder die seiner Familie fortan stark begrenzt sein würden. Je größer die Abweichung (↑*Bausoldaten*,

Kollektiv der soz. Arbeit
Kosmonaut Kommunist
KOMAROW

↑*Schwerter zu Pflugscharen* etc.), desto größer war zudem die Gefahr von Haft oder von Verfolgung durch die +*Staatssicherheit*. Das Verhalten im *Kollektiv* wurde auch in Schul- und Arbeitszeugnissen vermerkt: »S. fügt sich gut/schwer/immer noch nicht ins *Kollektiv* ein«, »K. hat eine geachtete/gefestigte Position im *Kollektiv*« usw.

Nach der Wende stellten Ostdeutsche in den ersten Kontakten mit Westdeutschen oft fest, dass diese viel eher das Wort ergriffen, viel mehr, ja sogar lauter redeten. Sie erschienen oft eloquent, weltgewandt und selbstbewusst. Die Ostdeutschen erschienen den Westdeutschen hingegen oft als unsicher und leise, sie sollen auch öfter »man« oder »wir« als »ich« gesagt haben. Kein Wunder, wenn »man« aus einer Kollektivgesellschaft kommt, oder? – Heute wird das Wort *Kollektiv* wieder weniger inflationär und von Ostdeutschen wohl manchmal in Anspielung an ihre Vergangenheit scherzhaft gebraucht. Sie haben nach dem Kollektivleben nun erlebt, wie anders schwer es in einer freiheitlichen Gesellschaft sein kann, sich als *Individuum* zu behaupten, und vermissen vielleicht manchmal die guten Seiten von Gemeinschaften: Gemeinschaftssinn und die Unterstützung Schwächerer zum Beispiel.

◀ *Einblick in den Produktionsalltag des Kollektivs der sozialistischen Arbeit »Kosmonaut Kommunist Komarow« im VEB Kabelwerk Oberspree Berlin*

Komplex-annahmestelle

Nein, dort wurden keine Hemmungen oder Verhaltensstörungen angenommen. Das Praktische dieser Geschäfte lag darin, dass man in einer *Komplexannahmestelle* fast alles zur Reparatur, Reinigung oder Verwertung abgeben konnte: etwa kaputte Kleingeräte, Schirme, Uhren oder Schuhe, Federbetten, Teppiche oder Damenstrümpfe, deren Laufmaschen aufgenommen werden sollten. Von der *Komplexannahmestelle* wurden die Gegenstände an die verschiedenen Werkstätten und manchmal sogar Altstoffe zum Altstoffhandel (↑*SERO*) weitergeleitet. Die *Komplexannahmestellen* lagen meist im Zentrum eines Neubaugebiets, wo auch ↑*Kaufhalle*, Sparkasse, Friseur, Restaurant und Post zu finden waren, und wurden vom jeweiligen Dienstleistungskombinat der Stadt oder des Kreises betrieben.

Das potenziell verwirrende Wort wird nur noch mit Blick auf die Vergangenheit gebraucht, da es keine *Komplexannahmestellen* mehr gibt.

Konfliktkommission

Die *Konfliktkommission* war ein sogenanntes *gesellschaftliches Gericht*, ein aus Laienrichtern gebildetes Schiedsgericht in Betrieben mit mehr als 50 Beschäftigten. Die Mitglieder der *Konfliktkommission* wurden von der Belegschaft gewählt. Die betrieblichen Einrichtungen waren vorgerichtliche Instanzen und entschieden alle Streitigkeiten im Arbeitsrecht einschließlich ↑*Neuererrecht* (die meisten unangefochten).

In öffentlicher Sitzung berieten und beurteilten sie außerdem einfache Straf- und Zivilsachen, an denen ein Betriebsangehöriger beteiligt war. Das waren – wie bei den +*Schiedskommissionen*, die diese Aufgabe in den Wohngebieten und ↑*LPGs* hatten – einfache Streitigkeiten, Verfehlungen, Ordnungswidrigkeiten und leichte Vergehen wie Diebstahl sozialistischen Eigentums, Arbeitsbummelei, Alkohol während der Arbeitszeit, Verkehrsdelikte, Verletzungen des Arbeits- und Gesundheitsschutzes oder Prügeleien. Das jeweilige Arbeitskollektiv wurde in den Klärungsprozess einbezogen, um die erzieherische Wirksamkeit zu erhöhen. Die zuletzt fast 30 000 *Konflikt-* und ca. 5000 +*Schiedskommissionen* haben die staatlichen Gerichte entlastet. Das DDR-Modell betrieblicher Konflikthandhabung war als sozialistisches Rechtspflegeorgan unter dem Einfluss der ↑*herrschenden Klasse* und ihrer Partei aber auch ideologisch nutzbar.

Das Wort *Konfliktkommission* wird nicht mehr gebraucht. Arbeitswelt und Arbeitsrecht haben sich mit dem Beitritt der DDR zur BRD auch im Bereich der Handhabung von betrieblichen Konflikten grundlegend geändert.

Konsum

Im Osten wurde das Wort meist auf der ersten Silbe betont, denn so bezeichnete es die gleichnamige Genossenschaft. Mit seinen etwa 30000 Läden, 6000 Gaststätten und 60 Produktionsbetrieben wickelte der *Konsum* etwa ein Drittel des DDR-Einzelhandels ab. Die Idee ist viel älter als die DDR und kam aus Großbritannien. Die ersten deutschen genossenschaftlichen Handelsbetriebe gründeten sich ca. 1850, um vor allem Arbeiter mit guten Produkten zu vernünftigen Preisen zu versorgen. Mitglieder bekamen für jeden Einkauf Konsummarken, die sie in ein Heft kleben mussten, und erhielten dafür am Jahresende eine kleine Umsatzbeteiligung. – Wer hochwertigere Produkte suchte und kein Westgeld für den ↑*Intershop* hatte, konnte ab 1962 im +*Exquisit* einkaufen, dort gab es Bekleidung, Schuhe und Kosmetika, oder ab 1976 im +*Delikat*, wo es Lebens- und Genussmittel gab – jeweils zu sehr hohen Preisen.

In der BRD wurde aus *Konsum* die Coop-Genossenschaft, die nicht annähernd so bedeutend wie der *Konsum* im Osten war. Im Westen betont man das Wort »Konsum« daher fast immer auf der zweiten Silbe – und meint damit etwas ganz anderes.

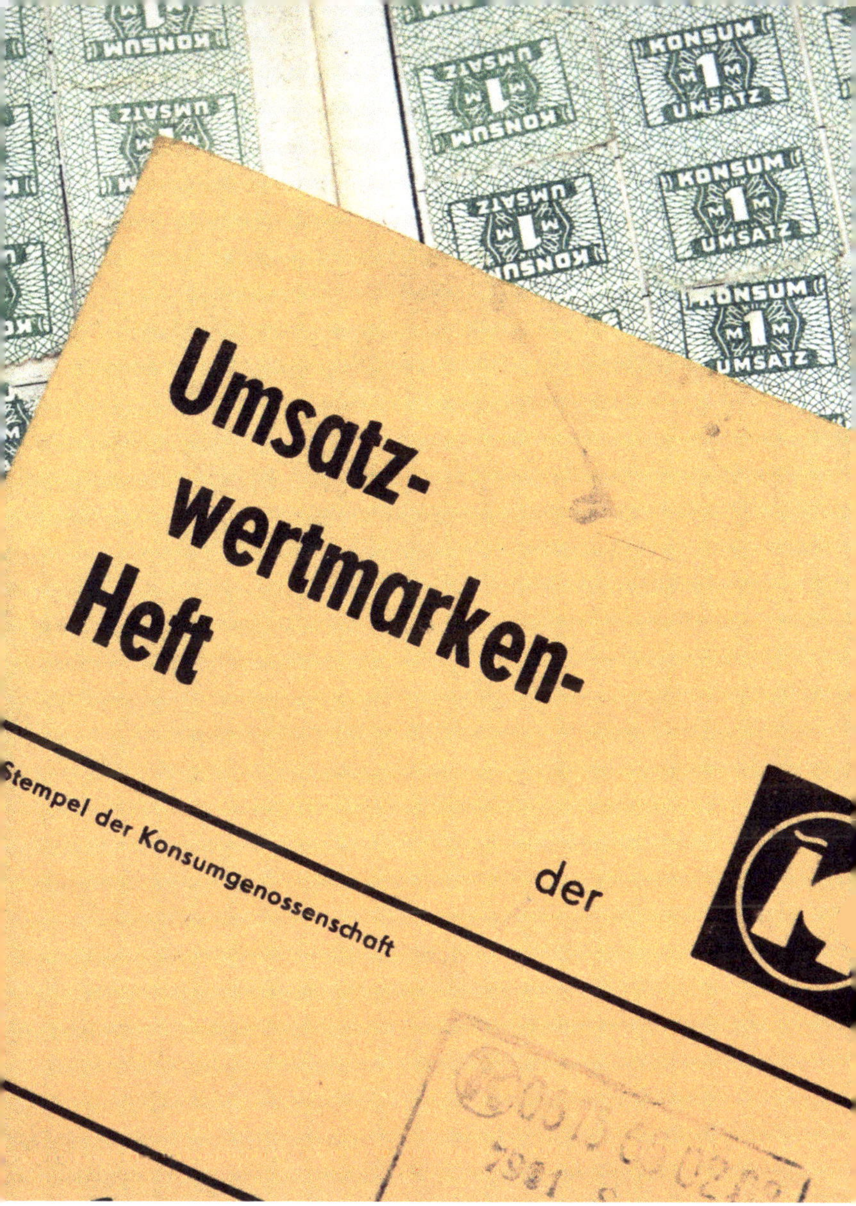

▲ *Nach jedem Einkauf im Konsum erhielt man Marken und mit diesen eine kleine Umsatzbeteiligung am Jahresende*

Kosmonaut

Als 1978 Sigmund Jähn zu seinem Weltraumflug aufbrach, tat er das mit einer sowjetischen Besatzung zu einer sowjetischen Raumstation hin – und folglich als *Kosmonaut*. Der Einfluss des ↑*Russischen* ist unverkennbar, so wie in *Astronaut* und *Taikonaut* auch die Herkunft markiert ist. Der bescheidene Mann aus Morgenröthe-Rautenkranz wurde von der DDR gefeiert als erster Deutscher im All – triumphierend gen Westen gerichtet und dabei sogar das sonst gemiedene Wort ↑*deutsch* nicht scheuend. Noch einmal berühmt wurde er 2003 durch den Film »Good Bye, Lenin«. Die Begeisterung für die Raumfahrt war groß, im Pionierpalast in der Berliner Wuhlheide gab es ein Kosmonautentrainingszentrum und viele Schulen und Brigaden trugen den Namen eines Kosmonauten.

Das Wort *Kosmonaut* hat es heute schwer, da *Astronaut* nun – außer von einigen Ostdeutschen – meist für alle Raumfahrer verwendet wird.

◀ *Der erste Deutsche im All – Sigmund Jähn nach seinem Weltraumflug*

Leseland DDR

Als *Leseland* sah sich die DDR selbst, die Haltung hinter dieser offiziell immer wieder verwendeten Eigenbezeichnung wurde jedoch in weiten Teilen der DDR-Bevölkerung geteilt. Bücher waren ein Lebensmittel, Ausdruck von Bildung und Kultur, staatlich subventioniert (Schulbücher und ein Großteil der Belletristik hatten sehr niedrige Preise) und Gegenstand steter Auseinandersetzungen. Ob das Ende eines Romans optimistisch genug, das Leben in der DDR mit Mitteln des +*sozialistischen Realismus* oder zu realistisch dargestellt wurde, ob dieses oder jenes künstlerische Mittel noch im Sinne des Aufbaus einer neuen Gesellschaft eingesetzt wurde oder schon Ausdruck verwerflicher formalistischer oder individualistischer Tendenzen war, das alles wurde heftig diskutiert und konnte existenziell werden. Weil es im +*Arbeiter-und-Bauern-Staat* keinen wirklichen Austausch zwischen den Regierten und der Regierung gab, bildete die Literatur – wie auch die anderen Künste – eine Art Gegen- oder Ersatzöffentlichkeit, in der verhandelt wurde, wegen der Zensur oft in Andeutungen und Zwischentönen, was öffentlich nicht verhandelbar war. In den Büchern kam vor, was sonst unerwähnt und undiskutiert blieb: Heimatverlust, Gewalt, das geteilte Deutschland, die Bedürfnisse des Einzelnen gegenüber einer ganzen Gruppe, all

Christa Wolf gemeinsam mit Teilnehmern des Deutschlandtreffens der Jugend 1964 ▶

das Verwegene, Fantastische und Irrationale der menschlichen Existenz. – Lesungen und Pressefeste waren Großveranstaltungen, Autoren, Verlage und Zeitungen bekamen massenweise Post zu künstlerischen Fragen und zu Einzelfragen bestimmter Figuren und Werke, ausländische und verbotene Literatur war rar, stand mancherorts im +*Giftschrank* und wurde doch gelesen, ausgetauscht und weitergegeben.

Die Eigenbezeichnung *Leseland DDR* ist wie das Land verschwunden, fast alle Bücher sind verfügbar, Preise, Lesegewohnheiten und die erreichbare Öffentlichkeit für jede einzelne Frage haben sich geändert, die Fähigkeit, zwischen den Zeilen zu lesen, wird nicht mehr gebraucht. Manchmal aber scheint es, als ob Ostdeutsche von Literatur und von den anderen Künsten immer noch mehr oder anderes erwarten als Westdeutsche – eine Relevanz für die Gesellschaft vielleicht. Aber das bliebe natürlich im Einzelnen genauer zu untersuchen.

Losungen

In der DDR wie in allen sozialistischen Ländern waren *Losungen* ein propagandistisches Mittel, das den Alltag prägte. Man sah sie überall. Über den Eingängen von öffentlichen Gebäuden, auf Demonstrationen, in den Fluren von Schulen, Universitäten und Betrieben, an neu errichteten und verfallenen Mauern, in Zeitung und Fernsehen – und man übersah sie irgendwann. Das war natürlich auch bei gehörten *Losungen* so und bei solchen, die man vielleicht selbst in +*Gruppenbücher*, +*Wandzeitungen* oder ↑*Brigadetagebücher* eingeklebt oder eingeschrieben hat. Jeder, der im Osten gelebt hat, wird so mindestens eine Losung in Erinnerung haben, weil sie allgegenwärtig war oder einem besonders seltsam vorkam, etwa »Die Lehre von Marx ist allmächtig, weil sie wahr ist«. Oder weil sie zusammen mit dem Ort, an dem sie hing, einen anderen Sinn bekam: »Alles heraus zum 1. Mai!« an einer Friedhofsmauer oder zum 35. Jahrestag der DDR am Winterquartier des DDR-Staatszirkus in Berlin-Hoppegarten: »35 Jahre DDR – 35 Jahre Zirkus«. Hier, wie auch bei einer Sackgasse in Erfurt, die »Straße des Sozialismus« hieß, bleibt unbekannt, ob der Hintersinn durch Absicht oder Gedankenlosigkeit entstand. Manche *Losungen*, etwa »So wie wir heute arbeiten, werden wir morgen leben« oder »Meine Hand für mein Produkt«, klangen verwegen oder bedrohlich – je nach Sichtweise. Vor jedem 1. Mai wurden die im ZK des SED beschlossenen *Losungen* in ihrem +*Zentralorgan* »Neues Deutschland« (und in anderen Zeitungen) abgedruckt und später auf vorgefertigten Transparenten auf der Maidemonstration an der jeweiligen Tribüne mit der örtlichen Parteiführung vorbeigetragen, zum 1. Mai 1970 z. B. »Ruhm und Ehre der Arbeiterklasse und ihrer marxistisch-leninistischen Partei, der SED!« oder »Gestaltet die sozialistische Zukunft – arbeitet, lernt und lebt im Geiste Lenins!«

Viele *Losungen* blieben bis zum Ende der DDR, von kleinen Abwandlungen abgesehen, konstant: »Arbeite mit, plane mit, regiere mit!« oder »Je stärker der Sozialismus, desto sicherer der Frieden!« Oft wurden die verschiedenen Bevölkerungsgruppen von den Pionieren bis zu den Kulturschaffenden angesprochen: »Werktätige des Handels und der Dienstleistungen! Täglich guter Dienst am Kunden – Euer Beitrag zum Wohlbefinden der Bürger!«, »Hochschullehrer und Studenten! Stärkt unseren sozialistischen Staat durch die Meisterung der Wissenschaft!« usw. – Es ist nicht bekannt, ob sie sich wirklich angesprochen fühlten. Sicher ist hingegen, dass die *Losungen* in thematischer und sprachlicher Hinsicht von einer Gleichförmigkeit waren, dass ihre Wirksamkeit bezweifelt werden muss. Erst mit der Wende wurden – schlagartig – alle Mittel der Sprache genutzt, die *Losungen* strotzten nur so vor Themenvielfalt und Kreativität. Das war auch kein Wunder, denn erstmals war es das Volk, das in aller Öffentlichkeit sagte, fragte und verlangte, was ihm wichtig war. Es ging um Meinungs-, Presse- und Reisefreiheit, den Führungsanspruch der SED, die Abschaffung von Wehrerziehung und Privilegien, den Umgang mit Problemen und mit Kritikern, das Bildungssystem, die Kirche, zunehmend um die deutsche Einheit und um vieles andere mehr. Und nach all den Jahren zuvor war es auch kein Wunder, dass eine der *Losungen* lautete: »Ein Vorschlag für den 1. Mai: Die Führung zieht am Volk vorbei!«

»Mein Arbeitsplatz – Mein Kampfplatz für den Frieden!« – 1989 waren die Losungen auf den Transparenten am 1. Mai zum letzten Mal staatlich vorgegeben ▶

Kampfplatz für den

LPG

Landwirtschaftliche Produktionsgenossenschaften (LPGs) waren ein wesentlicher Bestandteil der DDR-Wirtschaft. Nachdem die +*SED* 1952 beschlossen hatte, Genossenschaften zuzulassen, begann in der Landwirtschaft die +*Genossenschaftsbildung* oder +*Vergesellschaftung der Produktionsmittel* (in der DDR sprach man offiziell nicht von *Kollektivierung*). Wenige Jahre zuvor hatte die +*Sowjetische Militäradministration in Deutschland (SMAD)* eine +*Bodenreform* durchgeführt, bei der Kriegsverbrecher, Großgrundbesitzer mit mehr als 100 ha Boden und aktive NSDAP-Mitglieder enteignet wurden und Landarbeiter, Vertriebene (+*Umsiedler*) oder Kleinbauern

Ein Teil der Mähdrescherkolonne der LPG Burg Stargard bei der Ernte von Wintergerste im Sommer 1988 ▼

etwa ein Drittel dieses Landes zur Bewirtschaftung erhielten (jeweils 5 bis 20 ha), ein anderes Drittel wurde verstaatlicht und ging an +*Volkseigene Güter (VEG)*. Die Neubauern hatten oft kaum Erfahrung und keine Maschinen, die Erträge gingen stark zurück. Daher sollten die kleinen Flächen nun wieder zusammengelegt und mithilfe gemeinsam genutzter Maschinenparks bewirtschaftet werden. Der Beitritt zur *LPG* war theoretisch freiwillig, aber wer weiter als Einzelbauer wirtschaftete, hatte fast unerfüllbare Abgaben zu leisten und wurde auch propagandistisch unter Druck gesetzt. 1960, als fast alle Bauern den *LPGs* beigetreten (oder geflüchtet) waren, galt der historische Prozess (+*Sozialistischer Frühling*) als abgeschlossen. Es gab nun Tausende *LPGs*, die zusammen mehr als 80 % der landwirtschaftlichen Nutzfläche bewirtschafteten. Durch staatliche Investitionen und Industrialisierung (»Ohne Gott und Sonnenschein bringen wir die Ernte ein!«) erhöhten sich trotz der Planwirtschaft die Erträge und verbesserten sich die Lebensbedingungen deutlich. – Mit dem Beitritt zur BRD mussten die *LPGs* in eine neue gesamtdeutsche Rechtsform überführt werden, ca. drei Viertel der LPG-Mitglieder verloren ihre Arbeit, die rechtlichen und sozialen Anpassungsschwierigkeiten dauern bis heute an. Etwa 3000 der LPG-Nachfolgebetriebe behielten die großbetriebliche Produktionsform (meist als Agrargenossenschaften) bei, konnten ihre Produktivität steigern und zeigen unter den Bedingungen der europäischen Agrarordnung ihre Stärken.

Die Kurzform *LPG* ist in ihrer damaligen Bedeutung verschwunden. Bemerkenswerterweise stimmten die meisten Genossenschaftsmitglieder für den Erhalt der Produktionsform, die Jahrzehnte zuvor unter Druck und Zwang herbeigeführt wurde – und sich heute als konkurrenzfähig erweist. Wenn *LPG* heute noch gebraucht wird, dann in der Bedeutung von Autogas oder als Name eines Biomarkts (dort steht es dann für »lecker, preiswert und gesund«).

Manöver »Schneeflocke«

Was so harmlos flockig klingt, war eine vormilitärische Veranstaltung für Kinder. In kleinen Trupps und mit Karte, Kompass und Marschrichtungskennzahl ausgestattet, sollten sie im Gelände bestimmte Aufgaben lösen. Am Ende gab es Essen aus der Gulaschkanone, denn die Armee unterstützte das *Manöver* mit Technik und Personal, oft war eine +*Pateneinheit* der Schule dabei. Neugier und Abenteuerlust der Kinder – denen die Manöver oft Spaß gemacht haben – wurden ausgenutzt, um sie spielerisch für Militärisches zu begeistern. Später waren viele Jungen Mitglied der +*GST (Gesellschaft für Sport und Technik)*, viele Mädchen im DRK – und der verspielten »Schneeflocke« folgten das obligatorische Schulfach +*Wehrkunde* und die ebenso obligatorischen ↑*ZV-Lager*.

Der Name hat bei Wettkämpfen einiger (freiwilliger) Jugendfeuerwehren überlebt und ist dort – Flocke auf Flamme? – hoffentlich am richtigen Ort angekommen.

Neuerer

Ein *Neuerer* war in der DDR ein Erfinder, Entwickler oder Tüftler, der allerdings nicht irgendetwas entwickelte, sondern die Lösung für ein betriebliches Problem. Das konnte z. B. die Verbesserung eines Werkzeugs, eines Arbeitsablaufs oder einer Maschine sein. Die Tüftelei betrieb er wie der gewöhnliche Tüftler in seiner Freizeit, allerdings vertraglich geregelt und staatlich gefördert. Sein Betrieb musste seinen +*Neuerervorschlag* in einer bestimmten Frist prüfen. Wurde er angenommen und verwirklicht, erhielt der *Neuerer* eine Vergütung. Damit war es aber nicht getan. Die gesetzlich geregelte und von der Gewerkschaft unterstützte *Neuererbewegung* wurde bürokratisiert: Betriebe bekamen Planvorgaben, beispielsweise auch zur Anzahl der Neuerungen und der *Neuerer*. So wurde bei *Neuererbrigaden* und *-kollektiven* ihre Zusammensetzung (möglichst auch mit Arbeitern, Frauen und Jugendlichen) bald wichtiger als der wirtschaftliche Gewinn durch ihre *Neuerungen* – und das +*Neuererwesen* zum Teil ins Absurde getrieben.

Die DDR-spezifische Bedeutung von *Neuerer* ist zusammen mit dem DDR-*Neuererwesen* verschwunden. Wenn das Wort heute gebraucht wird, dann im allgemeinen Sinn (jemand, der etwas ganz Neues tut) als Synonym zu *Revolutionär*, *Bahnbrecher* oder als Antonym zu *Bewahrer*, *Traditionalist*.

Oder-Neiße-Friedensgrenze

An der Grenze zu Polen zeigen sich die Folgen des Krieges auf besondere Weise – in Festlegung und Benennung der Grenze sowie in deren (Nicht)anerkennung. 1950, kurz nach Gründung der DDR, unterzeichneten die DDR und die Volksrepublik Polen in Görlitz ein Abkommen, das die sogenannte Oder-Neiße-Linie – entgegen der im Potsdamer Abkommen formulierten Vorläufigkeit – als endgültige deutsch-polnische Staatsgrenze festlegte. Weitgehend unbekannt und undiskutiert blieb in der jungen DDR, dass dies maßgeblich auf Betreiben der Sowjetunion geschah. Diese hatte das deutsche Gebiet östlich dieser Linie schon vor Kriegsende der polnischen Verwaltung unterstellt und wollte dies gern zementieren – Polen sollte ja insgesamt gen Westen verschoben werden. Die BRD akzeptierte das Görlitzer Abkommen nicht, da eine Entscheidung über die Grenze ja erst in einer endgültigen Friedensregelung getroffen werden sollte und außerdem die DDR als nicht souveräner Staat keine völkerrechtlich bindenden Verträge schließen könne. Ein weiterer Grund war die in der BRD betonte »Unteilbarkeit Deutschlands«, ein Verzicht auf die sogenannten deutschen Ostgebiete kam nicht infrage. Im offiziellen DDR-Sprachgebrauch wurde die Grenze fortan *Oder-Neiße-Friedensgrenze* genannt, nie fehlte der Bestandteil *FRIEDENSgrenze*, um die friedlichen Absichten gegenüber dem früheren Kriegsgegner und damaligen +*Bruderstaat* zu betonen. Der BRD sprach man gleichfalls die Souveränität ab, indem man deren 1952 mit den Westmächten geschlossenen *Generalvertrag* konsequent *GeneralKRIEGSvertrag* nannte und ihr somit kriegerische Absichten unterstellte. Eine wesentliche Änderung in der Grenzfrage gelang erst mit der »neuen Ostpolitik« von Willy Brandt und Egon Bahr. 1970 erkannte die BRD diesen Grenzverlauf im Vertrag von Warschau faktisch an (↑*Warschauer Vertrag*). Die offizielle Anerkennung folgte erst 1990 im Rahmen der Zwei-plus-vier-Gespräche – um den Wiedervereinigungsprozess zwischen den beiden deutschen Staaten nicht zu gefährden.

Mit Niederlage, Schuld und Verlust gingen die beiden deutschen Staaten durch ihre jeweilige Einbindung ins West- bzw. Ostbündnis also sehr unterschiedlich um, die Propaganda im Kalten Krieg trug zur Verschärfung bei. Durch Kriegsniederlage und Grenzfestlegung gab es viele *Vertriebene*, die in der DDR zudem verhüllend +*Umsiedler* genannt werden mussten. Dennoch traf die Benennung als Friedensgrenze auch auf Zustimmung, weil die feste Grenzziehung als Voraussetzung für einen dauerhaften Frieden dargestellt, ihre Ablehnung durch die BRD als revanchistisch gesehen wurde. Zudem lebten die DDR-Bürger nun auch wirklich anders an und mit dieser Grenze. Es gab viele Reisen nach Polen (bis zur Erklärung des Kriegsrechts in Polen 1981 und wieder nach dessen Ende), Partnerschaften zwischen Betrieben und Gemeinden, in der Grenzregion wurde in den Schulen auch Polnisch (wie an der Grenze zur ČSSR Tschechisch) unterrichtet.

Das dürfte den Blick auf Polen, auf diese Grenze und ihre Benennung in Ost- und Westdeutschland bis heute unterscheiden. Zwar gab es (und gibt es weiterhin) in Ostdeutschland auch abwertende Bezeichnungen für Polen, doch neben all der inszenierten und propagierten Bruderfreundschaft eben auch vielerlei persönliche

Erfahrungen von Zusammenarbeit, Herzlichkeit und Gastfreundschaft. Im wiedervereinten Deutschland ist der Blick meist wieder fest gen Westen gerichtet, nicht nur, was Sehnsuchtsorte und Haupturlaubsgegenden betrifft. Die *Oder-Neiße-Friedensgrenze* aber kommt Ostdeutschen vielleicht noch heute in den Sinn und richtig vor. Nicht nur, wenn sie den Oder-Neiße-Radweg langradeln. Der Osten kommt wieder weniger vor, aber der Frieden ist geblieben.

Palast der Republik

Wo einst das Berliner Schloss stand, wurde 1976 der *Palast der Republik* eröffnet. Wo dieser stand, eröffnet 2020 das wiederaufgebaute Schloss als »Humboldt Forum«. Das Schloss war nach dem Krieg eine fast ausgebrannte, aber gesicherte Ruine, die DDR-Regierung ließ es vor allem als Symbol der Hohenzollern 1950 sprengen. Der asbestbelastete *Palast der Republik* wurde 1990 geschlossen, ab 1998 jahrelang vom Asbest so befreit, dass sowohl Abriss als auch Sanierung möglich waren. Der Abriss war 2008 erledigt.

Der Name des Hauses hat zu Umformungen angeregt, die vielleicht öfter medial kolportiert als damals wirklich benutzt wurden (*Ballast der Republik, Palazzo Prozzo* etc.). Mehr als der Name dürften den Ostdeutschen

Blick auf den Palast der Republik. Nach dem Abriss (2006 – 2008) wird seit 2013 an dieser Stelle das Humboldt Forum errichtet ▶

eigene Erlebnisse im insgesamt doch sehr beliebten *Palast der Republik* in Erinnerung sein. Der Abriss war anders als die Sprengung des Schlosses legitimiert (es gab einen Bundestagsbeschluss dazu). Aber die Geste kam vielen doch bekannt vor. Anderes wurde nicht abgerissen, sondern um- oder rückbenannt (Straßen, Plätze, Häuser) und manchmal erscheint der Wechsel wie ausgedacht. Wo z. B. früher das »Stadion der Weltjugend« war, sitzt heute der Bundesnachrichtendienst.

Paten

Die *Paten* in der DDR waren weder christlich noch mafiös, aber natürlich steckte in der Patenschaft – wie auch in den Geboten der ↑*Pioniere* oder in der ↑*Jugendweihe* – das christliche Vorbild. Es gab *Patenbrigaden*, *-einheiten* und *-betriebe*. Sie besuchten als *Paten* ihre *Patenklassen* und halfen beim Ausrichten von Veranstaltungen mit finanziellen und anderen Mitteln. Umgekehrt versorgten diese sie mit Kulturprogrammen zu den diversen Feiertagen und konnten, wenn sie älter waren, in den Ferien etwas Geld in den +*Patenbetrieben* verdienen. Die offiziell erwünschte Einflussnahme der ↑*herrschenden Klasse* auf die Erziehung der Kinder war insofern erfolgreich, als es oft wirklich recht tiefe Einblicke in die verschiedenen Arbeitswelten gab. Ansonsten war das Verhältnis der beiden Seiten zueinander meist wohl eher pragmatischer Natur.

Das Wort ist heute wieder für *Paten* aller Art gebräuchlich, am häufigsten wohl im *Patenkind* anzutreffen.

Personenkennzahl

Die *Personenkennzahl (PKZ)* war eine zwölfstellige Zahlenfolge, die ab 1970 jeder Person bei der Geburt zugeordnet wurde und ein Leben lang gleich blieb. Die dazugehörige Zentrale Personendatenbank war ab 1984 voll funktionsfähig. Die *Personenkennzahl* stand im Personalausweis, Sozialversicherungs-, Impf-, Wehrdienst- oder Rentenausweis usw. Viele kannten sie auswendig. Der Verwaltung diente sie zur Verschlüsselung bzw. zur eindeutigen Identifizierung einer Person und den Sicherheitsorganen zur besseren Kontrolle der Bevölkerung. Der Datensatz zu jeder Person enthielt neben der PKZ u.a. Meldedaten, Daten von Kindern und Ehepartnern, besondere Erlaubnisse (z.B. Waffen- oder +*Giftschein*) sowie Hinweise auf Strafregistereintragungen.

Da sich der Verwaltungsaufwand mit solch einer Kennzahl deutlich reduzieren lässt, gibt es derartige Systeme auch andernorts (Österreich, Schweden, USA, Türkei). In den 70ern wurde eine in der BRD geplante Einführung einer Personenkennziffer als verfassungswidrig verworfen. Seit 2003 wird *jedem* in Deutschland gemeldeten Menschen ein eindeutiges Identifikationsmerkmal zugeteilt, das die Finanzämter verwenden dürfen. In technischer Hinsicht ist das eine *Personenkennzahl*, die zu Kontrolle und Überwachung eingesetzt werden könnte. Das Wort *Personenkennzahl* hingegen wird – wohl mit Bedacht – nicht genutzt.

Pionier

In der DDR bezeichnete *Pionier* v. a. ein Mitglied der Pionierorganisation »Ernst Thälmann«. In der 1. Klasse wurde man Jung-, in der 4. Klasse Thälmann-*Pionier*. Die Aufnahme erfolgte meist am Pioniergeburtstag, dem Gründungstag der Organisation (13. Dezember). Die Aufgenommenen gelobten, die Pioniergebote zu befolgen (wie im Christentum waren es zehn – siehe Bild). Anfangs war die Mitgliedschaft eine Auszeichnung für die besten Schüler, später wurden fast alle Schüler Mitglied. Davon abzuweichen erforderte Mut. Vielen Eltern, besonders in der Anfangszeit der DDR, war jedoch die Nähe in Organisation und Struktur zu den Jugendorganisationen in der NS-Zeit zu groß. Es gab

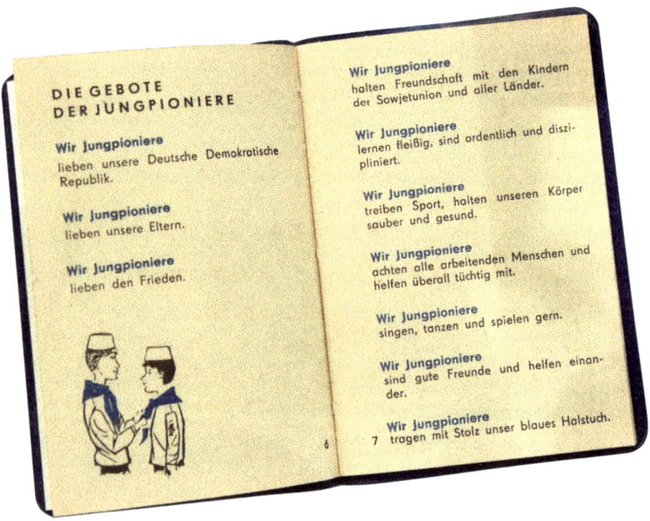

▲ *Die Gebote der Jungpioniere waren fast jedem Schulkind in der DDR bekannt*

▲ *Beim 2. Pioniertreffen in Dresden (1955) bekunden junge Pioniere mit einem Transparent ihre Verbundenheit mit der Sowjetunion*

eine Uniform, von der oft nur das blaue bzw. rote Halstuch getragen wurde. Etwa bei Fahnenappellen, wo auch der Pioniergruß gebraucht wurde: »Für Frieden und Sozialismus – Seid bereit!« – »Immer bereit!« Jede Schule hatte einen +*Pionierleiter*, es gab regelmäßige Pioniernachmittage, auch eine Pioniereisenbahn, einen Pionierpalast mit einem großen Freizeitangebot, für die besten Pioniere sogar eine +*Pionierrepublik*. Und fast täglich wurden Pionierlieder gesungen: »Geh voran, Pionier/deine Heimat ruft nach dir/unsre Zeit geht mit schnellen Schritten …«.

Heute ist die Hauptbedeutung von *Pionier* wieder ›Wegbereiter‹ oder ›Bahnbrecher‹ in Forschung oder Wirtschaft oder ›Angehöriger einer militärischen Aufbaueinheit‹.

Plaste

Bezeichnet einen Kunst- und Werkstoff, wohingegen *Plastik* ja auch eine gestaltete Figur oder Skulptur bezeichnet. Aus *Plast* oder *Plaste* wurde in der DDR vieles hergestellt, das lag in der Zeit, sogar ein ganzes Auto aus *Plaste* gab es, auch Plastebomber genannt.

Das Wort passt durch das -e am Ende gut ins Deutsche (vgl. *Plastegabel* und *Plastikgabel*), im Osten hält es sich wacker und könnte daher auch als Erkennungszeichen zwischen Ost- und Westdeutschen genutzt werden. Allerdings haben die

Werbeslogan des VEB Chemische Werke Buna, der zu Hoch-Zeiten bis zu 18 000 Menschen beschäftigte ▼

Ostdeutschen inzwischen längst gelernt, *Plastik* zu sagen, wenn sie nicht als Ostdeutsche »erkannt« werden wollen. (Die soziolinguistische Erklärung dafür: Die kleinere oder unterprivilegierte Gruppe lernt beide Varianten bzw. Codes. – Es läuft also alles wie zu erwarten ab, fast könnte man sagen, »das geht seinen sozialistischen Gang«.)

Poliklinik

In jeder größeren Stadt der DDR gab es eine *Poliklinik*. Dort praktizierten Allgemein- und verschiedene Fachärzte unter einem Dach, teure medizinische Geräte im selben Haus wurden gemeinsam genutzt, Patientendaten zentral verwaltet. So wurden Doppeluntersuchungen und lange Wege von einem Facharzt zum nächsten vermieden und Kosten gespart. – Auch bei der *Poliklinik* ist die Idee wieder viel älter als die DDR, die Eröffnung der ersten *Poliklinik* 1810 in Berlin geht auf Hufeland zurück. Aber in der DDR wurde die *Poliklinik* zur Basis der ambulanten medizinischen Versorgung.

Das Wort ist mit der Sache verschwunden. Allerdings gibt es seit 2004 Medizinische Versorgungszentren (MVZ), die auch fachübergreifend funktionieren. Sollte sich die Idee noch einmal durchsetzen, verdient sie zweifellos einen besseren Namen als MVZ. – Wie wärs mit *Poliklinik*?

polytechnischer Unterricht

Die Idee, Schule mit Arbeit zu verbinden, ist deutlich älter als die DDR und wurde in der Sowjetunion erprobt. Das »Gesetz über die sozialistische Entwicklung des Schulwesens in der Deutschen Demokratischen Republik« von 1959 regelte den Bildungsbereich vom Kindergarten bis zur Berufsausbildung und legte als einzige Schulform für alle Kinder die zehnklassige polytechnische Oberschule (POS) fest. Ziel war die +*allseitig gebildete sozialistische Schülerpersönlichkeit*. Der *polytechnische Unterricht* sollte berufsvorbereitend sein und zugleich erzieherisch wirken. Vom Kindergarten an sollten Kinder lernen, wie v. a. Arbeiter arbeiten und welche Arbeiten für eine Gesellschaft nötig sind. Sie sollten Werktätige und ihre Arbeit achten und schrittweise selbst ihren Beitrag zu nützlicher Arbeit leisten. Schulgarten- und Werkunterricht bis zur 4. Klasse waren eine Vorform des *polytechnischen Unterrichts*. Ab der 7. Klasse waren vier bis fünf Wochenstunden auf Technisches Zeichnen (TZ), Einführung in die sozialistische Produktion (ESP) und Unterrichtstag in der Produktion (UTP) – später Produktive Arbeit (PA) – verteilt. Der UTP wurde in einem örtlichen Betrieb absolviert – etwa in einer ↑*LPG* oder einem Glühlampenwerk. Neben sinnvollen praktischen Tätigkeiten lernten die Schüler auch Arbeitsabläufe und Probleme der verschiedenen Brigaden kennen.

Schüler bei der Produktiven Arbeit (PA) in einem Betrieb in Karl-Marx-Stadt (heute Chemnitz) im Jahr 1975 ▶

665
665

Rückblickend ist es erstaunlich, dass diese Einblicke in die realsozialistische Produktion Teil des Lehrplans waren, rückten sie doch oft den theoretischen Unterricht und die Lehre von der Überlegenheit des Sozialismus in ein vollkommen anderes, sicher nicht erwünschtes Licht.

Polytechnischen Unterricht gibt es nicht mehr. Aber auch heute gibt es Bestrebungen, mehr praktische Teile wie Schulpraktika in den Unterricht zu integrieren. Seit 2003 kann man in einigen Bundesländern in einer vierjährigen Berufsausbildung zugleich das Abitur erwerben. In der DDR führte die Berufsausbildung mit Abitur (BmA) innerhalb von drei Jahren zum gleichzeitigen Erreichen der vollen, uneingeschränkten Hochschulreife und eines Facharbeiterbriefs. Die BmA war eine Alternative zum Abitur an einer +*Erweiterten Oberschule* (EOS), zu der viele aus politischen Gründen keinen Zugang hatten.

Präsent 20

Der »Stoff, aus dem die Träume sind« sollte es sein. Zum 20. »Geburtstag« der DDR wurde er der Bevölkerung geschenkt: *Präsent 20*. Der Stoff war auch wirklich pflegeleicht und knitterarm und erleichterte so vielen das Leben oder wenigstens die Hausarbeit. Denn wie sich bald zeigte, war das neue Kunstfasermaterial aus 100 % Polyester nicht nur farb- und formbeständig, sondern brachte die

▲ *Models zeigen 1972 auf der Leipziger Messe Kleidung aus dem Stoff Präsent 20*

DDR-Bürger in den Hosen, Röcken, Blusen, Jacken und Nickis aus dem Traumstoff bald ins Schwitzen. Weil die Produktion schnell ging und das Material als Gegenstück zum westdeutschen *Trevira* entwickelt wurde, feierte man es dennoch als »Weltspitzenerzeugnis«. Manche Herren hatten einen *Präsentanzug* in Grau und einen in Blau, damit kam man durchs Leben, bei bestimmten Herren gehörte der *Präsentanzug* quasi zum Beruf. Andere Fasern der DDR hatten so klangvolle Namen wie *Malimo, Grisuten* oder *Dederon* (darin war die DDR versteckt). Doch oft fand man im sozialistischen Einzelhandel keine passenden Kleidungsstücke, manche nähten dann selbst, vielleicht nach Schnitten der Frauen- und Modezeitschriften (*Für Dich, Pramo, Sibylle* etc.), die außerdem manchmal noch anspruchsvolle Modefotografie boten.

Präsent 20 ist zäh. Die haltbaren Kleidungsstücke daraus sollen vereinzelt auch heute noch getragen werden, wie auch Kittelschürzen und Einkaufsbeutel aus *Dederon*. Und es scheint eine neue Zeit für *Präsent 20* gekommen zu sein: Manche ganz Junge finden den Stoff zusammen mit den Schnitten und farbenfrohen Mustern von damals wieder kultig. Statt von *Kleidungstücken* sprechen sie von *Klamotten*, das klingt nicht nach edlem Stoff, eher nach altem Zeug und passt so vielleicht ganz gut zu *Präsent 20* – dem Stoff, aus dem schon einmal Träume waren.

Quote

Damit war in der DDR meist die 60/40-Regel gemeint. Nicht für Geschlechter, sondern für Musik. Ob bei der Prüfung für Musiker und Diskjockeys vor einer staatlichen Einstufungskommission, ob auf einer Disko oder im Rundfunk: 60 Prozent der gespielten Titel sollten aus der DDR oder aus den sozialistischen Bruderländern stammen, also maximal 40 Prozent aus den kapitalistischen Staaten. Das traf nicht immer auf die Bedürfnisse des Publikums und wurde mehr oder weniger offen und kreativ unterlaufen.

Eine Frauenquote für die Wirklichkeit gab es ebenso wenig wie entsprechende Bemühungen in der Sprache (was heute geschlechtergerechte Sprache oder Gendern genannt wird), schließlich war die Gleichberechtigung ja offizielles Staatsziel und nach Regierungsverständnis auch erreicht. Höchstens bedurfte es einiger besonderer Förderungen speziell für Frauen (↑*Frauenruheraum*, +*Frauensonderstudium* usw.). – Wenn heute gelegentlich eine *Quote* für Frauen oder Ostdeutsche gefordert wird, so ist das vielleicht nachvollziehbar (weil z. B. derzeit keine einzige deutsche Hochschulleitung in ostdeutscher Hand liegt), ruft bei Ostdeutschen aber vielleicht anderes in Erinnerung als bei Westdeutschen.

Rechenschaftsbericht und Verpflichtungserklärung

Zum Leben in den verschiedenen ↑*Kollektiven* gehörten auch bestimmte Kommunikationsmuster und Textsorten. Beim sozialistischen Arbeiten, Lernen und Leben war man nicht allein, sondern Teil einer ↑*Bewegung*. Daher wurden von der Partei beschlossene Ziele für den jeweils nächsten Schritt beim Aufbau der neuen Gesellschaft vorgegeben und auf die einzelnen Grundorganisationen von Partei und Gewerkschaft, Pionier- und Jugendorganisation etc. heruntergebrochen, sodass fast jede Arbeits-, Lern- oder Studiengruppe einen Plan hatte. Schulklassen, Brigaden und +*Seminargruppen* etc. verpflichteten sich zur Erfüllung des Plans oder bestimmter anderer Ziele und legten nach einem Jahr Rechenschaft darüber ab, ob und wie diese Ziele erreicht wurden. Die Textsorte *Rechenschaftsbericht* war also sehr verbreitet. Da er vom jeweiligen ↑*Kollektiv* und dessen Leiter (Klassenlehrer, Brigadier, Parteisekretär etc.) akzeptiert werden musste, bestand dieser Bericht aus formelhaften Wendungen, ihn zu schreiben war entsprechend unbeliebt. Die Textsorte *Verpflichtungserklärung* diente nicht nur allgemein dazu, sich zum Erreichen der jeweils nächsthöheren Ziele zu verpflichten. Es gab auch vorgefertigte *Verpflichtungserklärungen*, die man wie ein Versprechen oder einen Vertrag zu unterschreiben hatte. Vor Beginn eines Studiums lautete die Verpflichtung so: »Mein Studium ist eine Auszeichnung durch unseren Arbeiter-und-Bauern-Staat. Dieser Auszeichnung werde ich mich stets würdig erweisen. Im Bewusstsein meiner hohen Verantwortung gegenüber unserer sozialistischen Gesellschaft verpflichte ich mich, während meines Studiums meine ganze Kraft einzusetzen für die allseitige Stärkung unseres Arbeiter-und-Bauern-Staates, der Deutschen Demokratischen Republik, bewusst und kämpferisch and der Gestaltung unseres sozialistischen Lebens mitzuwirken, um ausgezeichnete Studienleistungen zu ringen und zur Stärkung der Verteidigungsbereitschaft unserer Republik durch aktive Teilnahme an der militärischen oder an der Ausbildung in Zivilverteidigung beizutragen. Ich verpflichte mich, nach erfolgreicher Beendigung meines Studiums meine Arbeit dort aufzunehmen, wo es unser sozialistischer Staat für notwendig und zweckmäßig erachtet.« Das grundsätzlich andere Verhältnis zwischen dem Einzelnen und dem Staat zeigte sich am Ende des Studiums dementsprechend auch in der +*Absolventenlenkung*.

Die Textsorten *Rechenschaftsbericht* und *Verpflichtungserklärung* sind wie andere an die DDR-Gesellschaft gebundene Textsorten – etwa die ↑*Eingabe*, die (Groß)textsorte ↑*Brigadetagebuch*, die mündlichen Textsorten +*Lernkonferenz* oder +*öffentliche Selbstkritik* – mit ihr untergegangen.

Reisekader

In der DDR war +*Kader* der Begriff für ausgewählte Personen oder Personengruppen, die fachlich besonders qualifiziert waren und sowohl gefördert, (politisch) geschult als auch besonders eingesetzt wurden. Vor allem im offiziellen Sprachgebrauch wurde +*Kader* in Zusammensetzungen benutzt, als Bestimmungswort z. B. in *Kaderabteilung*, *-schmiede*, *-akte*, *-leiter* oder *-gespräch* oder als Grundwort z. B. in *Nachwuchs-*, *Hochschul-* oder *Reisekader*. Der Begriff wurde also auch verallgemeinernd für ›Personal‹ benutzt.

Kader waren Funktionäre, Künstler, Sportler, Wissenschaftler oder andere Personen, denen Dienstreisen ins Ausland übertragen wurden. Umgangssprachlich aber nur diejenigen, die ins +*NSW (Nichtsozialistisches Wirtschaftsgebiet)* reisen durften, also nicht nur in sozialistische +*Bruderstaaten*. Wer in der DDR *Reisekader* war, musste laut Einschätzung seiner Vorgesetzten »politisch zuverlässig« sein. Erst nach einer Überprüfung durch die +*Staatssicherheit* erhielten *Reisekader* einen DDR-Reisepass. Da immer die Gefahr der +*Republikflucht* bestand, durften *Reisekader* keine +*Westverwandtschaft* haben oder mussten – als Loyalitätsbeweis – alle privaten Kontakte in den Westen zuvor abgebrochen haben. Außerdem

Nach den Abriss- und Neubauplänen der Nachwendezeit steht das 1971 eingeweihte »Haus des Reisens«, das bis zur Wende unter anderem das »Reisebüro der DDR« beherbergte, seit 2015 unter Denkmalschutz ▶

REISEBÜRO
Deutsche Demokratische Republik
ALEXGRILL

mussten sie verheiratet sein oder ein Kind haben. Die eingeschränkten Reisemöglichkeiten bzw. die Forderung nach Reisefreiheit spiegelten sich auch in den ↑*Losungen* der Wendezeit, z. B. »Visafrei nach Hawaii«.

Heute sind alle *Reisekader* – d. h., das Wort wird nicht mehr in der Bedeutung der politisch und geheimdienstlich überprüften und ausgewählten Personengruppe verwendet. – Wie schön!

Rotlichtbestrahlung

Das hat nichts mit Medizin und auch nichts mit dem Rotlichtmilieu zu tun (Prostitution war ebenso wie Pornografie offiziell verboten), sondern war die spöttische Bezeichnung für Politinformationen. Und von derartigen ↑*Versammlungen* gab es viele. Nicht nur für ↑*Genossen* das +*Parteilehrjahr*, auch Parteilose (z. B. Lehrer) wurden zu diesem Zweck versammelt, für Studenten gab es am Anfang des Studienjahrs eine ganze »rote Woche«. Außerdem gehörte zu *jedem* Studium eine obligatorische Ausbildung in Marxismus/Leninismus (ML). Sie bestand aus 300 Stunden Geschichte der Arbeiterbewegung, Dialektischer und Historischer Materialismus, Politische Ökonomie und Wissenschaftlicher Sozialismus. Eine endgültig nicht bestandene ML-Prüfung bedeutete das Ende des Studiums. Die Noten waren wichtig für die Gesamtbeurteilung und ein eventuell zugebilligtes +*Leistungsstipendium*.

Das Wort zeigt Distanz. Vermutlich ist das Ausblenden der allgegenwärtigen Propaganda (die z. B. auch im Vorwort eines Kochbuchs enthalten war – aber wer liest das schon?) die Kehrseite der Fähigkeit, zwischen den Zeilen zu lesen, und gehört zur ↑*Diktatur*.

Russisch

Russisch war in der DDR keine Sprache wie jede andere auch: obligatorische erste Fremdsprache ab der 5. Klasse und auch im Studium Pflichtfach. Dadurch und weil *Russisch* auch noch zu einer anderen Sprachfamilie gehört, war es oft unbeliebt und wurde als schwer empfunden. In R-Klassen mit erweitertem Russischunterricht wurde die Sprache ab der 3. Klasse unterrichtet. Diese Spezialklassen besuchte man allerdings freiwillig, wie die verschiedenen anderen Spezialschulen auch (↑*polytechnischer Unterricht*). Die Themen im gewöhnlichen Unterricht waren alltagsfern und behandelten oft Politisches. Aber es gab auch Brieffreundschaften mit sowjetischen Schülern und Kontakte zu sowjetischen +*Pateneinheiten*. Insgesamt war der Kontakt zu den Truppen und deren Familien aber (von deren Seite aus) kaum erlaubt. Das ergab ein zwiespältiges Verhältnis zu +*den Freunden* und ihrer Sprache.

Einige Russizismen blieben im Osten zurück: etwa ↑*Datsche*, ↑*Subbotnik*, *Natschalnik* (spöttisch für einen Vorgesetzten), *Towarischtsch* (↑*Genosse*), *Prasdnik* (›Fest, Feiertag‹) und *Apparatschik*

письмо в
Дорогой друг!
1. Меня зовут
У меня
в Берлине
Наша школа
В классе 18

(erklärt sich wohl selbst). Seltsamerweise kennen viele Ostdeutsche ausgerechnet das unhandliche Wort *Dostoprimelschatjelnosti* (›Sehenswürdigkeiten‹). Russischkenntnisse sind so weiterhin ein Unterscheidungsmerkmal zwischen Ost- und Westdeutschen: Вер дас лезен кан, ист кайн вэсси. Oder?

Schwalbe

Die *Schwalbe* ist nicht *irgendein* Moped, sondern das meistgebaute motorisierte Zweirad aus deutscher Produktion. Über eine Million dieser Kleinroller wurden ab 1964 im »Volkseigenen Betrieb Fahrzeug- und Jagdwaffenwerk Simson Suhl« gebaut. Sie fuhr fast ausschließlich in der DDR, wurde kaum in die +*Bruderstaaten* und auch nicht in den Westen exportiert. Beliebt war das zweisitzige Kleinkraftrad auch, weil es mit seinen 50 cm^3 schon mit 15 Jahren gefahren werden konnte. Allerdings neigten junge Leute wohl eher den sportlicheren Mokick-Modellen »Star« und »Habicht« und später dem S 50 zu. Heute wird der *Schwalbe* sogar ein gewisser Kultstatus zugeschrieben – der wohl auch eine Ost-West-Dimension hat: Für Westdeutsche könnte sie optisch und vom Fahrgefühl etwas Exotisches

ausstrahlen (da sie sie wirklich nicht kannten) und gut in einen Retrotrend passen. Ostdeutsche hingegen, v. a. ältere, werden durch sie wohl eher an den +*ABV* erinnert, der eben auch oft *Schwalbe* fuhr. Und wer will schon gern an die Polizei erinnert werden. Oder an eine Krankenschwester. Denn der Fernsehfilm »Schwester Agnes« dreht sich um eine selbstbewusste und streitbare Gemeindeschwester, die mit der *Schwalbe* über das Land braust, um ihre Patienten zu versorgen, und dabei allerlei erlebt. Der Film wurde erstmals 1975 ausgestrahlt, übrigens am 8. März (↑*Frauenruheraum*, ↑*Kindertag*). In jüngerer Zeit wurden Modellprojekte in Leipzig und Brandenburg zur Krankenversorgung im ländlichen Raum nach der Gemeindeschwester im Film benannt: »Agnes« steht dann für Arzt-entlastende, gemeindenahe, E-Health-gestützte, systemische Intervention und untersucht, wie Agnes-Fachkräfte als verlängerter Arm des Hausarztes mit neuen technischen Mitteln helfen können, die mangelnde medizinische Versorgung auf dem Land auszugleichen. – So gibt es mit Agnes und der *Schwalbe* zwei Arten von Wiederkehr.

◀ *Die »Schwalbe« war auch ein Gefährt der Volkspolizei. Auf dem Foto ein Abschnittsbevollmächtigter (ABV) im Gespräch mit Bürgern in der Kleinstadt Eldena (1980)*

Das von Harald Bretschneider entworfene Motiv, das auf die Skulptur von Jewgenij Wutschetitsch und ein Bibelzitat zurückgeht, wurde als Aufnäher getragen und schnell zum landesweiten Symbol der Friedensbewegung ▶

Schwerter zu Pflugscharen

Das war das Symbol der nicht staatlichen DDR-Friedensbewegung. Es stammt aus der 1. Friedensdekade, die die evangelische Kirche in der DDR in der Zeit des atomaren Wettrüstens 1980 unter dem Motto »Frieden schaffen ohne Waffen« veranstaltete. Ein für die Teilnehmer gestaltetes Lesezeichen zeigte die Skulptur *Schwerter zu Pflugscharen* des sowjetischen Bildhauers Jewgenij Wutschetitsch. Als Aufnäher an Jacken getragen, verbreitete sich das Zeichen schnell auch unter nicht kirchlich gebundenen Jugendlichen und wurde zu einem Zeichen einer allgemein-oppositionellen Haltung gegenüber dem +*Friedensstaat DDR*. Das ärgerte die +*SED* enorm, denn die abgebildete Skulptur war ein Geschenk der Sowjetunion an die UNO und bezog sich zudem auf ein Bibelwort. Träger des Aufnähers wurden als Kriminelle und +*Rowdys* verleumdet, die Aufnäher abgerissen. Als Ersatzzeichen fungierten daraufhin manchmal ein helles Stoffstück oder ein Loch an dieser Stelle der Jacke.

SERO

Die Abkürzung für *Sekundärrohstoffe* stand für das gesamte System zur Erfassung von Altstoffen, die man an *SERO*-Annahmestellen abgeben konnte. Betrieben wurde das System vom »VEB Kombinat Sekundär-Rohstofferfassung«. Die wiederverwertbaren Wertstoffe oder Altstoffe wurden aufgekauft und einer weiteren Verwendung zugeführt. Annahmestellen gab es fast an jedem Ort, damit jedermann auch ohne Auto seine Altstoffe dort hinbringen konnte. Wer Altstoffe nicht selbst wegbringen wollte, konnte oft einfach auf die nächste Sammelaktion der ↑*Pioniere* warten, die regelmäßig stattfanden. Für die üblichen *Sekundärrohstoffe* aus Haushalten wie Flaschen, Gläser, Altpapier und Lumpen bekam man eine festgelegte Vergütung (siehe Preisliste), an einigen Annahmestellen konnte man auch Großgeräte wie Kühlschränke kostenlos zur Entsorgung abgeben.

Das Wort *Sekundärrohstoffe* wird wie seine Kurzform heute nicht mehr im Alltag gebraucht, es hat sich ins Fachsprachliche zurückgezogen. Das System war zwar auch aus dem Mangel geboren, würde heute aber wohl als umweltbewusst und nachhaltig gelten. Ein System, das das Zeug gehabt hätte, +*Überholen, ohne einzuholen* wahr werden zu lassen.

▲ *Recycling in der DDR – an SERO-Annahmestellen konnte jeder Wert- und Altstoffe abgeben, die anschließend weiter- und wiederverwendet wurden (Kinder in Eisenhüttenstadt, Ende der 50er-Jahre)*

Solibasar

+*Solidarität* war allgegenwärtig, international und wurde oft abgekürzt. In ↑*Losungen* und auf +*Transparenten* wurde man z. B. zur Solidarität mit den unterdrückten Völkern oder den Freiheitskämpfern ferner Länder aufgerufen. Schulen, Betriebe und Städte veranstalteten regelmäßig *Solibasare*, zu dem der Berliner Journalisten auf dem Alexanderplatz kamen jeden August Zehntausende. Der Erlös von Kuchen, Selbstgebasteltem, Büchern u. v. a. m. sollte den Unterdrückten zugutekommen. Zusammen mit Mitgliedsbeiträgen (z. B. beim +*FDGB*) bezahlte man den +*Solibeitrag* und bekam +*Solimarken* dafür. Es gab Solidaritätskonzerte und -sendungen wie das Wunschkonzert »Dem Frieden die Freiheit«, viele Solidaritätsbekundungen (mit Angela Davis, mit Vietnam), es gab (und gibt bis heute) die *Volkssolidarität* (eine Organisation zur Betreuung älterer Menschen) und es gab die Sprechchöre auf Parteitagen und anderen ↑*Versammlungen* hochrangiger und hochbetagter ↑*Genossen*, die mit hochgereckter Faust rhythmisch skandierten: »Hoch-die-Inter-natio-na-le-Soli-dari-tät!«

Das Wort *Solibasar* wird noch verwendet, z. B. in Kirchen und Vereinen. Auch *Solidarität* wird noch gebraucht – als Haltung und als Wort. Es hat jedoch seine »Verbundenheit mit den Massen« verloren. *Soli* allerdings ist ein echter Wendehals, es hat seine Bedeutung gründlich gewandelt und bezeichnet jetzt, ganz auf Deutschland verengt, einen steuerlichen *Solidaritätszuschlag*, mit dem Ost- und Westdeutsche die deutsche Einheit finanzieren.

Standpunkt

»Sag mir, wo du stehst« – war nicht nur ein viel gesungenes +*Kampflied*. Über den *Standpunkt* wurde viel diskutiert auf allen möglichen ↑*Versammlungen*. Der »richtige« *Standpunkt* war natürlich der der ↑*herrschenden Klasse* und ihrer +*Partei*. Auch in Schulzeugnissen und Beurteilungen wurde vermerkt, wenn man ihn hatte: »B. hat einen gefestigten *Standpunkt* und vertritt ihn auch im Klassenkollektiv«.

Das Wort existiert natürlich auch heute, in Ostdeutschland hat es wieder zu allgemeiner Verwendungsfähigkeit zurückgefunden.

Subbotnik

Das Wort kommt aus dem ↑*Russischen*, *subbota* heißt ›Samstag‹, *Subbotnik* also: ›kleiner Samstag‹. Als Wort ist es verwandt mit dem Hebräischen und Jiddischen *(Sabbat, Schabbes)*, bedeutete aber das Gegenteil von Ruhetag. Weil der freiwillige und unbezahlte Arbeitseinsatz in der Freizeit stattfand, in der Sowjetunion anfangs am Samstag, erhielt er diesen niedlichen Namen. Nach dem Krieg wurde zu *Subbotniks* aufgerufen, um das Land wieder aufzubauen, später fanden sie regelmäßig statt, um kostensparend Wohngebiete,

Freiwilliger Arbeitseinsatz am Samstag: Schüler einer Berliner POS (Polytechnische Oberschule) streichen ihren Klassenraum (1980) ▶

öffentliche Einrichtungen und Grünflächen in Ordnung zu bringen. Nach getaner Arbeit wurde oft gemeinsam gefeiert. Betriebe und Gewerkschaften organisierten diese Arbeitseinsätze, es wurde genau registriert, wer die Freiwilligkeit ernst nahm und nicht kam.

Es gab so viele *Subbotniks*, dass das Wort in Ostdeutschland bis heute bekannt ist. Vereinzelt finden auch noch Subbotniks statt, die dann aber wirklich freiwillig und meist eine Art Frühjahrsputz sind.

Titel und Orden

Titel waren wichtig in der DDR, aber nicht die akademischen, die meist die Angehörigen der politisch unsicheren ↑*Intelligenz* trugen. (Bei den akademischen Qualifizierungsgraden hatte nach sowjetischem Vorbild die Promotion B die Habilitation abgelöst, der Titel »Doktor der Wissenschaften« wurde mit *Dr. sc. abg*ekürzt.) Um *Titel* wurde in ↑*Wettbewerben* gekämpft, in Betrieben und Einrichtungen meist um die Ehrentitel »Kollektiv der sozialistischen Arbeit« oder »Kollektiv der deutsch-sowjetischen Freundschaft«. Für den ersten Fall musste das +*Kampfprogramm* neben der üblichen Planerfüllung auch eine Verpflichtung des ↑*Kollektivs* zu kulturellen oder Bildungstätigkeiten enthalten, im zweiten Fall zu erkennbar freundschaftlichen Beziehungen zur Sowjetunion. Die Erfüllung der besonderen Verpflichtungen wurde weit ausgelegt, sodass die *Titel* jedes Jahr an Tausende ↑*Kollektive* verliehen werden konnten. Natürlich gab es weitere *Titel*, z. B. »Hervorragendes Volkskunstkollektiv«, »Aktivist der sozialistischen Arbeit«, »Verdienter Lehrer des Volkes« oder auch die »Goldene Hausnummer«. Für bahnbrechende Taten für den Aufbau und den Sieg des Sozialismus in der Volkswirtschaft wurde der Titel »Held der Arbeit« verliehen. Zu den Auszeichnungen gab es Unmengen von Urkunden, *Orden* und Medaillen, die trotz der Materialknappheit immer hergestellt wurden.

Die Wörter *Titel* und *Orden* werden weiterhin gebraucht, allerdings selten, so wie es ja auch ihrer Bedeutung entspricht, etwas Besonderes zu markieren.

Umweltbibliothek

In den letzten zehn Jahren der DDR wurden Umweltprobleme immer sichtbarer und – da sie in der offiziellen Berichterstattung nicht vorkamen – Gegenstand oppositioneller Tätigkeit. 1986 gründete eine dieser Gruppen die *Umweltbibliothek (UB)* in den Kellerräumen der Berliner Zionskirchgemeinde. Die UB sammelte und bot Literatur zu Umwelt-, aber auch zu Menschenrechts- und Abrüstungsthemen. Die kleine Sammlung bestand vor allem aus westlichen Publikationen, die in der DDR nicht verfügbar oder verboten waren. Sie wurden wie die zeitungsartigen »Umweltblätter« von Hand zu Hand weitergegeben. Diese Blätter konnten in kleiner Auflage entstehen, weil die Kirchen eine staatliche Druckgenehmigung ohne vorherige staatliche Zensur hatten und sie mit dem schützenden

Hinweis »für den innerkirchlichen Gebrauch« versahen. Um die *UB* und die +*Initiative für Frieden und Menschenrechte (IFM)* und die +*Samisdat*-Zeitschriften »telegraph« und »Grenzfall« bildeten sich verschiedene Netzwerke, die in Veranstaltungen u.a. zu Umweltverschmutzung, Aufrüstung und Wehrerziehung eine immer größere Öffentlichkeit erreichten. So führte etwa die Staatssicherheitsaktion gegen die *UB* zu Mahnwachen, Solidarisierung der Bevölkerung mit den Verhafteten der Aktion »Falle« und zur Gründung weiterer *UB* in anderen DDR-Städten.

Die *UB* hat ihre Aktivitäten 1998 eingestellt. Umweltschutz ist kein Thema mehr für Untergrundliteratur. Die Flüsse schäumen nicht mehr, in vielen kann man sogar wieder baden. Umweltaktivisten aus Ost und West haben es geschafft, dass im Einigungsvertrag viele Gebiete als Naturschutzgebiete festgeschrieben wurden (insgesamt sind es heute mehr als 3 % der Fläche Deutschlands). Auch wenn weiterhin mit unterschiedlichen Symbolen gearbeitet wird – Umwelt- und Naturschutz scheint insgesamt ein Erfolgsbereich der jüngeren deutschen Geschichte zu sein.

Versammlungen

Versammlungen sind ja eigentlich nichts Besonderes. In der DDR gab es aber immer und überall welche: Pionier-, Eltern-, Parteiversammlungen, man versammelte sich aber auch als +*Brigade*, Klasse oder sonstiges ↑*Kollektiv* vor der Demonstration zum 1. Mai, um dann gemeinsam mit ↑*Fahnen* und anderen +*Winkelementen* zu +*manifestieren*, dass man sich mit Partei und Staat verbunden fühlte. *Versammlungen* gehörten zu den vielen +*Bekenntnissen* und ↑*Bewegungen*. In einer Kollektivgesellschaft ging es nicht ohne sie.

Das Wort scheint verschwunden oder sich eine Ruhepause zu gönnen. Heute sitzt man in *Besprechungen*, *Meetings*, *Briefings* und *Talkrunden*, trifft sich zum *Brainstormen* oder weil man eine *Kick-off-Veranstaltung* besucht, für die man zuvor schon viele *Save-the-Date*-Nachrichten bekommen hat.

Vertragsarbeiter

Die alte BRD holte sogenannte Gastarbeiter ins Land, die DDR warb *Vertragsarbeiter* an. Doch es gibt einige Unterschiede. Die DDR litt unter Arbeitskräftemangel, da die Produktivität insgesamt nicht hoch war und bis 1961 mehr als drei Millionen, oft junge und gut ausgebildete, DDR-Bürger das Land Richtung Westen verließen. So warb die DDR um ausländische Arbeitskräfte – und zwar gezielt in den sozialistischen +*Bruderländern*. Dafür schloss sie Verträge mit den jeweiligen Regierungen, u.a. 1963 mit Polen, 1967 mit Ungarn, 1974 mit Algerien, 1975 mit Kuba, 1979 mit Mosambik, 1980 mit Vietnam und 1984 mit Angola, in den 80ern auch mit der Mongolei sowie mit China und Nordkorea. Im Rahmen +*sozialistischer Bruderhilfe* sollten Auszubildende einen Facharbeiterabschluss erlangen, was nach ihrer Rückkehr auch für ihre Heimatländer ein Gewinn sein sollte. Einsatz- und Lebensbedingungen der *Vertragsarbeiter* variierten jedoch stark, mit der Zeit wurden sie für immer unqualifiziertere, oft schwere, monotone und entsprechend

▲ *Vietnamesische Vertragsarbeiter bei ihrer Ankunft am Berliner Ostbahnhof im Jahr 1973*

unbeliebte Arbeiten eingesetzt. Dies stand oft in krassem Gegensatz zu den Versprechungen, die ihnen zuvor im Heimatland gemacht worden waren (guter Verdienst, Möglichkeit zu Studium oder Facharbeiterabschluss etc.). Die insgesamt knapp 100 000 *Vertragsarbeiter* bzw. *ausländischen Werktätigen*, wie sie offiziell genannt wurden, sollten für maximal fünf Jahre in über 1000 DDR-Betrieben arbeiten. Familiennachzug war nicht erlaubt, bei Schwangerschaft drohte die Ausweisung. Die Unterkünfte waren meist abgeschottet von der einheimischen Bevölkerung in Wohnheimen oder Baracken. So haben die meisten Ostdeutschen die *Vertragsarbeiter* – durch den gewollten räumlichen und sozialen Abstand beim Arbeiten und Leben – nicht kennengelernt, sie sollten einander fremd bleiben.

Das Wort *Vertragsarbeiter* wird heute wenig und vor allem für Rückblicke gebraucht. Nach 1990 bemühte sich die BRD um Auflösung der laufenden Staatsverträge, um die *Vertragsarbeiter* zurückschicken zu können. Nur wenige schafften es, in Deutschland zu bleiben. Geblieben aber sind die abfälligen Bezeichnungen für sie, etwa für Vietnamesen, die die größte Vertragsarbeitergruppe bildeten. Die als Akt der +*Völkerfreundschaft* deklarierten Verträge führten gerade nicht zu Integration und Zusammenleben. Ob ein unsouveräner Umgang mit Fremdheit zu den Nachwirkungen der DDR gehört, muss weiter untersucht werden.

viertel elf

Dachten Sie, dass diese Art der Uhrzeitangabe nur in der DDR gebraucht wurde? Dann sehen Sie doch einmal im »Atlas zur deutschen Alltagssprache« nach (www.atlas-alltagssprache.de). Nicht nur im Gebiet der damaligen DDR, sondern auch in anderen deutschsprachigen Gebieten sagte und sagt man »viertel elf« für 10.15 Uhr. Hintergrund ist ein altes sogenanntes oberzähliges System, das sich an der nächsten Stunde orientiert, also: eine Viertelstunde auf elf Uhr hin. Gleiches gilt für drei viertel sieben (6.45 Uhr). – Daneben wurden in der DDR aber auch immer andere Varianten, wie Viertel nach zehn oder Viertel vor sieben, benutzt.

Viertel elf wird auch heute gebraucht, führt allerdings immer wieder zu Irritationen – und ist kein sicherer Anzeiger für die Sprecherherkunft. In einfachen Zuordnungen zeigen sich wohl eher das menschliche Bedürfnis nach Kategorisierung und das Beharren auf vermeintlichen Gewissheiten. Wenn wir bei Verabredungen unterschiedliche Arten der Uhrzeitangabe bemerken, sollten wir nachfragen oder auch das System des jeweils anderen lernen. Sonst treffen wir uns nie.

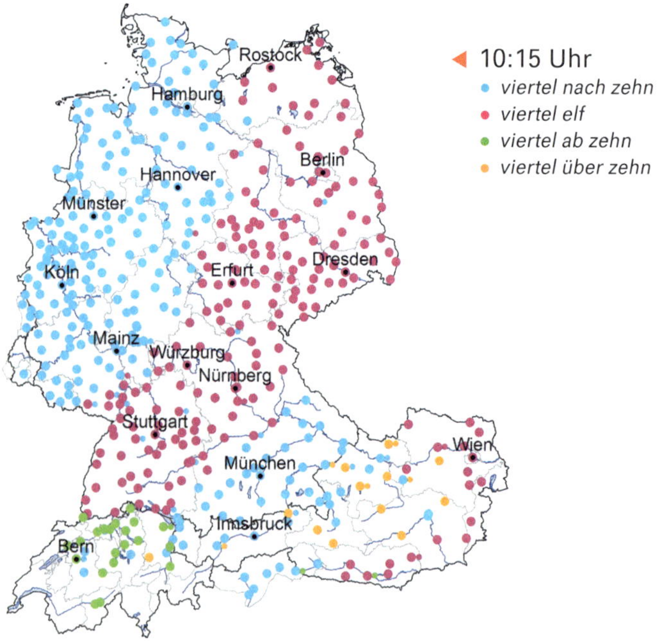

Quelle: *Atlas zur deutschen Alltagssprache (Elspaß/Möller)*

Vitamin B

... war das Codewort für Beziehungen, mit deren Hilfe man an etwas gelangte, was eigentlich unerreichbar war: In dem von Versorgungsengpässen geprägten ↑*Leseland DDR* konnten das begehrte Bücher, +*Bückware*, Ersatzteile und Dienstleistungen aller Art, aber auch der Zugang zu höheren Bildungseinrichtungen, zu einer Position u. v. a. m. sein. In jeder Gesellschaft braucht man Beziehungen und gute Freunde – in der DDR brauchte man außerdem noch Improvisationstalent, eine gewisse Reparaturintelligenz, +*blaue Fliesen* (↑*Intershop*) und manchmal auch *Vitamin B*.

Warschauer Vertrag

Der *Warschauer Vertrag* ist ein Beispiel dafür, wie sich in getrennten Sprechergemeinschaften verschiedene Begriffe für dieselbe Sache herausbilden können bzw. derselbe Begriff unterschiedliche Sachen bezeichnet.

In der DDR bezeichnete der *Warschauer Vertrag* das Militärbündnis unter der Führung der Sowjetunion, das 1955 als Reaktion auf die seit 1949 bestehende NATO gegründet wurde und dem die DDR angehörte (sowie den dazugehörigen Vertrag). Dieses Bündnis wurde in der

▲ *1980 wurde das 25-jährige Bestehen des Warschauer Vertrags gefeiert. In Westdeutschland sprach man vom Warschauer Pakt, was sich nach der Wiedervereinigung im ganzen Land durchgesetzt hat*

BRD (und wird bis heute) stets als *Warschauer Pakt* bezeichnet.

Die BRD bezeichnet (ebenfalls bis heute) mit *Warschauer Vertrag* den 1970 geschlossenen Vertrag zwischen der Bundesrepublik Deutschland und der Volksrepublik Polen über die Grundlagen der Normalisierung ihrer gegenseitigen Beziehungen. Dieser Vertrag wurde 1972 ratifiziert, die Bundesrepublik erkannte darin die Oder-Neiße-Linie als Westgrenze Polens an (↑*Oder-Neiße-Friedensgrenze*), ohne damit die Rechte der Siegermächte anzutasten, die endgültige Regelung der Grenze einem Friedensvertrag vorzubehalten.

Bei der Verwendung von *Warschauer Vertrag* und *Warschauer Pakt* hat sich im heutigen offiziellen Sprachgebrauch – wenig überraschend – die Verwendungsweise der alten BRD durchgesetzt.

Westpaket

Ein gesamtdeutsches Phänomen, denn die einen schickten, die anderen bekamen es – bis zu 25 Millionen Pakete jährlich wurden verschickt! Damit war das *Westpaket* ein von der DDR fest einkalkulierter Wirtschaftsfaktor und half dabei, die eigene Bevölkerung zu versorgen. Bücher und Zeitschriften in den Paketen waren ebenso wie Bild- und Tonträger verboten. Das wurde genauestens kontrolliert und führte dazu, dass die Pakete bis zu sechs Wochen brauchten.

Hinter dem *Westpaket* steckt die Wirklichkeit der deutschen Teilung: Weil die DDR-Bürger ihre Verwandten im Westen nicht besuchen durften, schickten diese viele Pakete, um Kontakt zu halten. Auch aus dem Osten wurden Pakete geschickt, pro Kopf waren es zeitweise (Ende der 50er) sogar mehr Ost- als *Westpakete*. Beide Regierungen warben anfangs für das Versenden von Paketen, schließlich ging es im Kalten Krieg auch darum, der anderen Seite die Vorzüge des eigenen Systems zu zeigen. Das *Westpaket* war sogar steuerlich absetzbar (30 DM). Als der wirtschaftliche Unterschied zwischen der DDR und der BRD immer größer wurde, wurde es immer wichtiger und von den Empfängern im Osten meist lang erwartet.

Die Mischung aus Kaffee, Apfelsinen, Schokolade, Kakao, Jeans, Feinstrumpfhosen, Seife usw. schien einen eigenen Duft zu erzeugen, der vielen Ostdeutschen noch in der Nase sitzen dürfte. Und auch die Vermarktung der Erinnerung gehört zur Überwindung der deutschen Teilung – denn jetzt gibt es zum *Westpaket* sogar ein einen Dokumentarfilm und ein Parfüm. Schauen Sie hier:
www.der-duft-des-westpakets.de

Wettbewerbe

In der DDR gab es viele *Wettbewerbe*, die meisten waren nicht sportlich, fast alle sozialistisch. Im +*sozialistischen Wettbewerb* sollten sich Schöpfertum und Initiativkraft der +*Werktätigen* entfalten, während sie die +*entwickelte sozialistische Gesellschaft* gestalteten. Es ging meist um höhere Arbeitsleistungen, zu denen sich ↑*Kollektive*, +*Brigaden*, Abteilungen, ganze Betriebe oder Hochschulen etc. zusätzlich zu den Planvorgaben verpflichteten. Für ↑*Kollektive*, die um den ↑*Titel* »Kollektiv der sozialistischen Arbeit« kämpften, kamen noch Verpflichtungen im Rahmen des Bildungs- und Kulturplans hinzu. Es ging auch viel um ↑*Kampf*, denn natürlich waren die gesetzten Ziele nicht nebenbei, sondern nur unter größten Anstrengungen zu erreichen. Von ↑*Kampf* und Anstrengung zeugten dann auch die verschiedenen Formen der Berichterstattung über all die *Wettbewerbe:* Die +*Straße der Besten* zeigte im Betrieb die wettbewerbsfähigsten Mitarbeiter, +*Wandzeitungen*, ↑*Brigadetagebücher* und ↑*Rechenschaftsberichte* kündeten vom steten Ringen beim Übertreffen von Zielen, Zeitungen riefen zum nächsten *Wettbewerb* auf usw. usf. – Der Dauerkampf im Endlos-*Wettbewerb* wirkte ermüdend, auch Prämien halfen immer weniger. Das Ritual der *Wettbewerbe* wurde ausgehöhlt und führte zu Desinteresse, Langeweile, Spott, Empörung, Resignation oder anderen Formen der zunehmenden Distanzierung von staatlichen Zielen.

Das Wort *Wettbewerb* wird heute zur Beschreibung des Leistungskampfs vor allem in Sport und Wirtschaft gebraucht.

Wohnungsbauprogramm

Das staatliche *Wohnungsbauprogramm* wurde 1972 aufgelegt. Es war das Kernstück des sozialpolitischen Programms zur »Lösung der Wohnungsfrage als soziales Problem bis 1990«. Das ehrgeizige Ziel der SED lautete »Jedem eine eigene Wohnung«, um den Wohnraummangel, der die DDR von Beginn an begleitete, zu beseitigen und die Wohnverhältnisse für die Hälfte der Bevölkerung zu verbessern. Bis 1990 sollten insgesamt 2,8 bis 3 Millionen Wohnungen gebaut bzw. modernisiert werden. Um schneller und rationeller bauen zu können,

Ein Stadtteil entsteht: Im Rahmen des Wohnungsbauprogramms, das jedem DDR-Bürger eine eigene Wohnung sichern sollte, wurden Stadtbilder verändert oder wie hier in Leipzig-Grünau völlig neu geschaffen (1983) ▼

wurden auch Bauhaus-Ideen der modernen Architektur aus den 1920ern geprüft und die Großplatten-Bauweise entwickelt. Die Stadt Hoyerswerda wurde ein erstes großes Experimentierfeld für den industriellen Wohnungsbau, viele Neubaugebiete in allen Bezirken der DDR folgten. Der massiv betriebene Neubau zog Bauarbeiter aus allen DDR-Bezirken ab und ging auf Kosten der Modernisierung, sodass viele Innenstädte weiter verfielen. Viele Menschen zogen gern in die Neubauwohnungen, da diese vergleichsweise komfortabel waren. In Wohnungsanzeigen mussten sie als Vollkomfortwohnungen bezeichnet werden.

Das *Wohnungsbauprogramm* wurde 1990 ja anders als geplant beendet und so gibt es über seine Erfüllung sehr unterschiedliche Auffassungen. Das Wort *Wohnungsbauprogramm* hat heute keinen nationalen Bezug mehr. Das Wort *Platte* wurde in der DDR vermutlich noch nicht als Kurzform für *Plattenbau* (*-siedlung* oder *-wohnung*) verwendet *(Er wohnt in der Platte).* Ob *Platte* heute in Ostdeutschland anders als vor der Wende gebraucht wird und ob das Wort vielleicht sogar »gewandert« ist, wäre eine Untersuchung wert.

ZV-Lager

ZV steht für *Zivilverteidigung*, das dazugehörige Lager war Pflichtbestandteil der +*Wehrerziehung*. 1978 wurde +*Wehrunterricht* als Pflichtfach für die 9. und 10. Klassen eingeführt. Dazu gehörte am Ende der 9. Klasse für die Jungen ein zweiwöchiges +*Wehrlager*, für die Mädchen

▲ *Ein Teil der Ausbildung: Studentinnen trainieren die Bergung Verletzter aus einem kontaminierten Gebiet (1980)*

ein ZV-Lehrgang und für alle in den Winterferien der 10. Klasse drei +*Tage der Wehrbereitschaft*. Die vormilitärische Ausbildung ging auch in Lehre und Studium weiter. So haben viele Ostdeutsche nicht nur Wissen über Erste Hilfe, Evakuierung und Schutzräume angehäuft, sondern wissen sich nun sicher auch mit Gasmaske und im Gelände zu orientieren und bewegen. Und die meisten haben mindestens einen +*Marsch der Bewährung* über 10 km hinter sich, mit so schönen Einzeldisziplinen wie Eilmarsch, Handgranatenweitwurf oder Marschieren.

Das Wort ist mit den militärischen Ausbildungselementen in Schule, Lehre und Studium verschwunden. Die allermeisten Ostdeutschen dürften darüber sehr froh sein.

Bildnachweis

S. 11: Antifaschistischer Schutzwall akg-images; S. 14: Ausreiseantrag Marco2811/stock.adobe.com; S. 16: Bausoldat akg-images/Jürgen Raible; S. 18: Begrüßungsgeld picture alliance/AP Photo/Udo Weitz; S. 21: Bewegungen akg-images/ddrbildarchiv.de/Klaus Morgenstern; S. 23: Brigadetagebuch Antje Baumann, privat; S. 24: Camptourist picture alliance/ZB/Reinhard Kaufhold; S. 27: DEFA-Filme imago images/Detlev Konnerth; S. 29: deutsch picture alliance/dpa; S. 30: Diktatur picture alliance/ZB; S. 33: Eingabe BArch, DA 1/19180; S. 34: FKK imago images/Harald Lange; S. 36: Frauenruheraum picture alliance/ZB/Erich Schutt; S. 39: Frieden imago images/Reiner Zensen; S. 40: Genosse picture alliance/ZB/Karlheinz Schindler; S. 43: großer Bruder INTERFOTO; S. 46: Horch und Guck akg-images/Dieter E. Hoppe; S. 49: Intelligenz 1 wikimedia.org; S. 49: Intelligenz 2 Heraldica358/Shutterstock.com; S. 52: Jugendobjekt akg-images; S. 55: Jugendweihe akg-images/Sammlung Berliner Verlag/Archiv; S. 58: Kaufhalle picture alliance/ZB/ddrbildarchiv/Siegfried Bonitz; S. 61: Kindertag picture alliance/ZB/ddrbildarchiv/Manfred Uhlenhut; S. 64: Kollektiv picture alliance/ZB/Reinhard Kaufhold; S. 69: Konsum picture alliance/ZB/Matthias Bein; S. 70: Kosmonaut picture alliance/ASSOCIATED PRESS; S. 73: Leseland akg-images/ddrbildarchiv.de/Klaus Morgenstern; S. 77: Losungen picture alliance/ZB/Reinhard Kaufhold; S. 78: LPG picture alliance/ZB/Benno Bartocha; S. 85: Palast der Republik akg-images/Günter Schneider; S. 88: Pionier1 picture alliance/ZB/Bernd Settnik; S. 89: Pionier2 akg-images/Erich Höhne; S. 90: Plaste imago images/Dieter Matthes; S. 93: Polytechnischer Unterricht akg-images/Purkiss Archive; S. 95: Präsent20 imago images/Ulrich Hässler; S. 101: Reisekader picture alliance/ZB/Manfred Uhlenhut; S. 104: Russisch picture alliance/ZB/Klaus Morgenstern; S. 106: Schwalbe akg-images/Gardi; S. 108: Schwerter zu Pflugscharen imago images/Matthias Rietschel; S. 110: SERO akg-images/Sammlung Berliner Verlag/Archiv; S. 113: Subbotnik picture-alliance/ZB/Manfred Uhlenhut; S. 118: Vertragsarbeiter picture alliance/dpa/Horst Sturm; S. 120: viertel11 Elspaß, Stephan & Robert Möller. 2003ff. Atlas zur deutschen Alltagssprache (AdA). Open-Access-Publikation. URL: www.atlas-alltagssprache.de; S. 122: Warschauer Vertrag mauritius images; S. 125: Wohnungsbauprogramm picture alliance/ZB/Christian Brachwitz; S. 127: ZV-Lager picture alliance / ZB / Wilfried Glienke

Impressum

D C B A
Bibliographisches Institut GmbH, Mecklenburgische Straße 53, 14197 Berlin

Texte Dr. Antje Baumann
Redaktion Dr. Kathrin Kunkel-Razum
Fotoredaktion Carolina Olszycka

Herstellung Maike Häßler
Layout und Satz Dirk Brauns, estra.de, Berlin
Umschlaggestaltung Schimmelpenninck.Gestaltung, Berlin
Umschlagillustrationen Schimmelpenninck.Gestaltung, Berlin

Druck und Bindung Livonia Print, SIA, Riga
Printed in Latvia

ISBN 978-3-411-74532-6
www.duden.de

PEFC™
PEFC/12-31-006

PEFC zertifiziert
Dieses Produkt stammt aus nachhaltig bewirtschafteten Wäldern und kontrollierten Quellen.

www.pefc.de